WESTEND

Katja Kipping

WER FLÜCHTET SCHON FREIWILLIG

Die Verantwortung des Westens oder Warum sich
unsere Gesellschaft neu erfinden muss

WESTEND

Mehr über unsere Autoren und Bücher:
www.westendverlag.de

Die Deutsche Nationalbibliothek verzeichnet diese
Publikation in der Deutschen Nationalbibliografie;
detaillierte bibliografische Daten sind im Internet über
http://dnb.d-nb.de abrufbar.

ISBN 978-3-86489-133-5
© Westend Verlag GmbH, Frankfurt/Main 2015
Umschlaggestaltung: pleasant_net, Büro für strategische Beeinflussung
Umschlagfotos:
© Foto Katja Kipping: Anke Fleig/SVEN SIMON/picture alliance
© Hintergrundmotiv: Ulrik Pedersen/NurPhoto/ picture alliance
Satz: Publikations Atelier, Dreieich
Druck und Bindung: CPI – Clausen & Bosse, Leck
Printed in Germany

Inhalt

Anstelle eines Vorworts:
»Das Floß der Medusa«[1]

Vor rund 200 Jahren, im Jahr 1819, wird in Paris ein Gemälde des Malers Théodore Géricault ausgestellt. Diese Darstellung von Schiffbrüchigen auf bewegter See wirkte wie ein »Angriff auf die etablierte Gesellschaft«[2]. Und das, obwohl dieser Maler bisher eher durch romantische Darstellungen von Reitszenen, Landschaftsbilder und Porträts einfacher Leute aufgefallen war und zudem das Gemälde auf den ersten Blick frei von revolutionären Symbolen oder Pathos ist. Es zeigt schlichtweg Schiffbrüchige zwischen Verzweiflung und Hoffnung auf einem Floß im tosenden Meer, während am Horizont ein Schiff erscheint.

Und doch hat die Sorge der Herrschenden einen Grund: *Medusa* war das Flaggschiff eines französischen Fregattenverbands. Als es auf dem Weg nach Senegal auf Grund läuft, sichern sich der Kapitän, die höheren Offiziere und die einflussreichen Passagiere die wenigen Rettungsboote. Die übrigen Passagiere und Schiffbrüchigen müssen mit einem notdürftig zusammengezimmerten Floß auskommen. 15 Tage treibt dieses Floß auf dem Meer. In diesen 15 Tagen und Nächten kommt es zu Selbstmord, durch Hunger erzwungenen Kannibalismus und sogar zum Mord an Schwerverwundeten, um die letzten Weinreserven für die anderen aufzusparen. Nur wenige überleben. Das Gemälde fängt den Moment ein, als die Überlebenden am Horizont ein Schiff entdecken und sich diesem entgegenstrecken.

Keiner der Schiffbrüchigen hatte es sich ausgesucht, auf diesem Floß zu landen. Sie trieb einzig der Wunsch zu überleben an. Und doch ist der vom Maler Géricault geschilderte Augenblick, als die wenigen Überlebenden ein rettendes Schiff erblicken, mit solcher Verzweiflung geladen, dass die Vertreter der bourbonischen Restauration dieses Bild »als ersten Schritt zur Revolte gegen ihr Regime«[3] deuteten, als ob dieses Gemälde ihnen ihre Schmach und Schuld vor Augen führen würde. Sie befürchteten, dass dieses Aufbäumen in Verzweiflung sich zum Aufruhr entwickeln könnte. Elf Jahre später, im Juni 1830, kommt es in Paris tatsächlich erneut zu Aufständen.

Mit der Darstellung und damit der Verdichtung in einen Moment drang das Leid der unterprivilegierten Passagiere der *Medusa* in die feine Welt der Pariser Salons ein und erinnerte an die Schuld der Eliten. Schließlich hatten die einflussreichen Passagiere der *Medusa* die sicheren Rettungsboote für sich in Beschlag genommen. Sie hatten zudem bei einem aufkommenden Sturm die zwei Seile, mit denen das Floß gezogen werden sollte, gekappt. Dabei war es im Gegensatz zu den Rettungsbooten nicht manövrierfähig und damit auf sie angewiesen. Allein das Thema des Gemäldes verwies auf »den Zynismus und die Selbstsucht der Regierenden«.[4]

Hier zeigt sich eine gewisse Parallele zu unserer heutigen Situation und den aktuellen Flüchtlingsbewegungen. Mit ihnen platzt die Systemfrage in die bis dato vermeintlich heile Welt des Merkel'schen Biedermeiers. Sie führen uns unsere Mitverantwortung vor Augen. Auch wenn keiner der Geflüchteten es sich wirklich ausgesucht hat und wohl eher der Wunsch auf ein besseres Leben sie antrieb als der Wunsch, politische Botschaften zu übersenden, so tragen sie doch eine Botschaft nach Europa. Diese lautet: So wie wir wirtschaften und handeln, wie wir arbeiten, konsumieren und Politik machen – so kann es nicht weitergehen.

Mit den Flüchtlingsbewegungen stellen sich die grundlegenden Gerechtigkeitsfragen mit besonderer Dringlichkeit, und ihr globaler Charakter wird in aller Deutlichkeit klar. Das ist eine der Thesen, die diesem Buch zugrunde liegen. Um sie zu erläutern, ist das erste Kapitel einer Sichtung der verschiedenen Fluchtursachen gewidmet. Auch wenn diese anfangs einzeln geschildert werden, so hängen sie doch zusammen und greifen systemisch ineinander. Deshalb ist eine Auseinandersetzung mit dem kapitalistischen Wirtschaftssystem erforderlich, wenn wir Fluchtursachen wirklich bekämpfen wollen. Wie wenig die Reaktionen der Bundesregierung und der EU-Eliten dieser Herausforderung gerecht werden, wie wenig sie zudem geeignet sind, einen guten Start für das zukünftige Zusammenleben zu organisieren – und stattdessen eher dem wachsenden Rassismus in die Hände spielen –, wird im zweiten und dritten Kapitel thematisiert. Im Kontrast dazu geht es im vierten Kapitel um das, was längst Grund zur Hoffnung gibt: um all die Entwicklungen, die Mut machen, sowie um all die Belege dafür, dass Einwanderung weniger als Problem, sondern vielmehr als Bereicherung erlebt werden sollte.

Und darin liegt die zweite zentrale These, die mich zum Schreiben motiviert hat. Die jetzige Situation muss nicht zwangsläufig auf eine Apokalypse zulaufen. Sie kann vielmehr auch den Wendepunkt zum Positiven, zu einer wirklichen Demokratie in der Einwanderungsgesellschaft, zu einem Land für alle darstellen. Diese Perspektive ist eng verknüpft mit einem neuen Verständnis von Kultur – und zwar einer Kultur frei von jeglichem nationalen Reinheitsgebot oder Leitkultur-Ansprüchen. Dabei wird dieses im fünften Kapitel herausgearbeitete Verständnis von Kultur nicht allein normativ begründet, sondern auch durch einen geschichtlichen Exkurs zu Migration verdeutlicht. Im sechsten Kapitel wird schließlich erörtert, welche Schritte notwendig sind, damit aus der Hoffnung auf Demokratie in der Einwanderungsgesellschaft eine neue Realität wird. Deutlich wird: Ein sozialer Universalismus in Wort und Tat, das heißt, dass alle die tatsächliche Möglichkeit haben, ihr Leben selbst zu gestalten, kann dafür wegweisend sein. Wir brauchen eine Politik, die das Versprechen auf umfassende Teilhabe und gleiche Rechte für alle wahrmacht, indem sie den Menschen auch die materiellen Mittel in die Hand gibt, um sich praktisch zu beteiligen. Eine soziale Unionsbürgerschaft sowie eine Offensive für das Öffentliche, also einen Ausbau der öffentlichen Infrastruktur, die alle nutzen können, sind in diesem Sinne erste Schritte auf dem Weg zu einem solidarischen Europa der Einwanderung. Es geht dabei letztlich um nicht weniger als das Bild eines Europas, welches wieder die Hoffnung wecken kann, von der eine Demokratie lebt. Europa könnte so von einer Drohung wieder zu einem positiven Beispiel mit weltweiter Ausstrahlung werden – zu einem Kontinent für alle.

1 Fluchtursachen: Das Verdrängte wird sichtbar

So wie das Gemälde »Das Floß der Medusa« in den feinen Pariser Salons vor rund 200 Jahren auf eine Ungerechtigkeit aufmerksam machte und deshalb den besorgten Unmut der Eliten erregte, so platzt mit den Flüchtlingsbewegungen die Systemfrage in unsere Gesellschaft. Das bisher Ausgeschlossene wird sichtbar und verschafft sich Gehör. Das bisher Verdrängte meldet sich zu Wort. Das Unterdrückte taucht auf. Das Besondere an der aktuellen Situation ist weniger die Anzahl der Geflüchteten. Neu ist, dass sie es zu »uns« schaffen. Seit langem sind viele Millionen Menschen auf der Flucht. Viele Flüchtende verbringen Jahre ihres Lebens auf dem Weg. Einigen gelingt die Ankunft in einem besseren Leben, die meisten jedoch bleiben unterwegs irgendwo hängen zwischen Unsicherheit, Kriminalisierung oder Prostitution. Nicht wenige Menschen verlieren erst ihre Heimat und dann ihr Leben. So ist davon auszugehen, dass allein zwischen 2000 und 2014 circa 23 000 Menschen auf dem Weg in die Europäische Union (EU) gestorben, im Mittelmeer ertrunken, in Containern erstickt oder in Wüsten verdurstet sind.[1] Dass sie dieses Risiko in Kauf nehmen, hat mit dem Leid und der Not in ihrer Heimat zu tun. Wo Bürgerkriege, Umweltzerstörung, rassistische Verfolgung und Hunger Gesundheit und Leben bedrohen oder zumindest ein gutes Leben verunmöglichen, werden Menschen in die Flucht getrieben.

Doch bisher vollzog sich all das Sterben und Leiden überwiegend jenseits unserer Wahrnehmungsschwelle. Kerneuropa wähnte sich gut abgeschirmt. Das Frontex-Grenzregime sollte verhindern, dass Menschen überhaupt nach Europa kamen. Dafür nahm die EU großzügig Geld in die Hand. So wurde das Budget von Frontex innerhalb von zehn Jahren verfünfzehnfacht.[2] Das Grenzregime der EU basierte bisher auf der Verabredung, Flüchtlinge an den Außengrenzen sterben zu lassen, wenn nicht sogar auf dem stillschweigenden Konsens, bei diesem Sterben im Zweifelsfall nachzuhelfen. Diese Übereinkunft hat einige Risse bekommen. Lange Zeit war es üblich, dass die Küstenwache in Griechenland ankommende Schlauchboote mit Flüchtenden einfach auf hoher See »abstach«. Nach dem Regierungswechsel in Athen wurde diese Praxis untersagt.

Zudem profitierte das Grenzregime der EU von der Kooperation mit Diktatoren auf der anderen Seite des Mittelmeers. Wo Demokratie und Menschenrechte nichts gelten, ist es leichter, Flüchtende mit vermeintlich effektiver Grausamkeit an der Fortsetzung ihrer Route nach Europa zu hindern. Diese offensichtliche Verletzung von Menschenrechten wurde von der EU nicht nur billigend in Kauf genommen, sondern auch materiell belohnt. (Siehe dazu das Kapitel »Ein Ring, sie zu knechten«, Seite 80–82) Dann kam es aber in einigen dieser Länder infolge des arabischen Frühlings wenigstens zu Erschütterungen der bisherigen Machtstrukturen, worunter auch die grausame Effizienz der Flüchtlingsabwehr »litt«.

Die Regelungen der Dublin-Verordnungen sollten zudem sicherstellen, dass das Gros der Geflüchteten in Ländern wie Griechenland und Italien abgefangen und von dort aus möglichst schnell abgeschoben wird. Und auf die Geflüchteten, die es doch in die Mitte Europa geschafft hatten, warteten weitere Schikanen, zum Beispiel die Unterbringung in Lagern und das Arbeitsverbot für die ersten Monate.[3] Und dann gab es da noch die lange Zeit gut gelingende Abschottung auf der Wahrnehmungsebene.

Die europäische Gesellschaft hat sich mit einem erschreckend gut funktionierenden System von Wahrnehmungsfiltern umgeben. Nicht nur die Außengrenzen Europas wirkten wie eine Festung. Auch unsere Wahrnehmungsschutzschilde, die unangenehme Wahrheiten von uns fernhalten sollen, waren jahrelang hochgefahren. Unser Wohlbefinden wurde recht gut abgeschottet. Das Leid der Flüchtenden und Geflüchteten, ja die Geflüchteten selbst erschienen größtenteils unsichtbar.

Nicht weil eine politische Zensur das so angeordnet hätte, sondern weil die Aufmerksamkeitsökonomie das so regelte – ganz ohne Verschwörung, sondern schlichtweg durch den stummen Zwang der Nachfrage und der Nachrichtenlage. Doch die vielen, die nun die EU-Außengrenze überwunden haben, führen zu einer Sichtbarmachung des Leids und der Verzweiflung. Wobei wir uns keine Illusionen machen sollten. Ein Teil der Fluchtgeschichten wird wohl nicht zu erzählen sein, denn es gibt ein »Elend, das sich der Beschreibung entzieht«.[4]

Flüchtende als Träger einer Botschaft

Zweifelsohne waren die wenigsten der Flüchtenden zu Beginn ihrer Flucht in irgendwelchen politischen Netzwerken organisiert. Wohl kaum einer verstand seine Flucht als Politaktion. Kaum eine plante, sich in Lebensgefahr zu begeben, um damit ein politisches Statement abzugeben. Doch all die vielen persönlichen Motive, Nöte, Ängste und Hoffnungen der Flüchtenden sowie ihr spontanes Begehren verdichten sich immer wieder zu einem kollektiven Akt. Sie treten heraus aus der Unsichtbarkeit. »Der Zaun, der Europa nach außen abschirmt, und die bürokratischen Mauern, die seine inneren Grenzen bestimmen, wurden von den Flüchtenden überwunden – und das nicht nur symbolisch.«[5] Mit der neuen Sichtbarkeit der Flüchtlinge werden auch einige ihrer Lebensgeschichten deutlich, und viele dieser Geschichten sind verflochten mit einer größeren Geschichte: der Geschichte der globalen Ungerechtigkeit. Die einzelnen Fluchtbewegungen wurden zu einer größeren Migrationsbewegung, die etwas in Europa in Bewegung setzt. Denn diese Migrationsbewegung hat die Abgrenzungen, auf denen das weltweite Ausbeutungsgefälle basiert, durchkreuzt und damit das vermeintlich Unverrückbare unterlaufen.[6] Sie macht deutlich: So, wie es ist, wird es, ja, kann es nicht bleiben. Statt der Verwaltung des Mangels, als die uns Politik in den letzten Jahrzehnten verkauft wurde, steht damit eine Politik der Veränderung ganz oben auf der Tagesordnung. Unsere Welt befindet sich im Wandel, und die Flüchtenden sind Boten dieses Wandels. Doch die Politik in Deutschland und in Europa ist unfähig, angemessen darauf zu reagieren.

Politiker*innen der verschiedenen Parteien verwenden Sprechzettel, die oft so klingen, als hätten sie einfach die Skripte von vor zwanzig Jahren wieder aus der Schublade geholt. Das Auftreten des CSU-Generalsekretärs Andreas Scheuer erinnert in erschreckender Art an das Agieren eines früheren CDU-Generalsekretärs – namentlich Volker Rühe. Der SPD-Vorsitzende Sigmar Gabriel versucht, die SPD mehr oder weniger rechts von Angela Merkel zu platzieren. Oskar Lafontaine wiegt Familiennachzug und das Recht auf Asyl gegeneinander ab. Auch das erinnert in gewisser Weise an die frühen 1990er Jahre, als die SPD den sogenannten Asylkompromiss mitgetragen hat.

Auch ein Teil der Grünen macht mit bei Abschottung und Beschwörung der Ängste. Sie inszenieren sich als pragmatische »Macher«, die ihre humanistischen Ideale nicht vergessen haben, aber gleichwohl versuchen müssen, diese in einer Welt, die leider (und mysteriöserweise) voll von ökonomischen und geostrategischen Zwängen ist, unbürokratisch umzusetzen. Resultat ist die Zustimmung zu neuen Abschottungsversuchen. Ein zeitgemäßer Umgang mit den anstehenden Herausforderungen sieht anders aus. (Wie, das werde ich in den folgenden Kapiteln ausführen.) Viele Linke setzen dagegen auf die Losung:»Refugees Welcome!«Ich selbst verwende diesen Slogan oft und bin überzeugt, dass er als bewusst antirassistisches Statement wichtig und richtig ist. Jedoch bleibt dieser Satz sprachlos bezüglich der den Flüchtlingsbewegungen zugrunde liegenden Ursachen.

Nötig ist jetzt ein tiefgreifendes Verstehen der Botschaft, die die vielen, die aufbrechen (müssen), uns überbringen. Dazu gehört, sich Folgendes klarzumachen: Die hohe Zahl der Geflüchteten ist nicht einfach ein unglücklicher Zufall, sondern hat Ursachen. Im Kern verweisen die Migrationsbewegungen nach Europa auf ein grundlegenderes Problem: auf die Ungerechtigkeit unserer Weltwirtschaftsordnung. Ein Problem, das nicht zuletzt auch unser Problem ist. Die vielen, die in großer Not die Grenzen überwinden, führen uns die Begrenztheit der kapitalistischen Ordnung heute vor Augen. Nun würde es womöglich zu weit führen, die Geflüchteten als das neue revolutionäre Subjekt, wenn auch wider Willen, zu bezeichnen. Aber ganz sicher setzen sie die Verteilungsfrage im globalen Maßstab auf die Agenda. Der Slogan der Refugee-Bewegung »Wir sind hier, weil ihr unsere Länder zerstört« drückt genau diese Einsicht aus. Flucht ist oft eine Reaktion auf die breite Ausbeutung und Verwüstung ganzer Landstriche im globalen Süden

Wenn im Folgenden unsere Art zu handeln und zu wirtschaften kritisch beleuchtet wird, so geht es dabei nicht um individuelle Schuld eines jeden einzelnen von uns. Jedoch gibt es so etwas wie eine kollektive Verantwortung dafür, dass Ausbeutung und Umweltverschmutzung nicht so fortgeführt werden wie bisher. Dieser Verantwortung, die Fluchtursachen abzubauen, anstatt weiter neue zu produzieren, müssen wir uns stellen. Das erfordert, unter anderem die Handelspolitik grundlegend umzustellen.

Westliche Handelspolitik

Die Spekulationen mit Nahrungsmitteln haben die Preise für Getreide und Reis in die Höhe getrieben. Darunter leiden besonders die Armen, die einen Großteil ihres Geldes für Lebensmittel ausgeben müssen. An der Nahrungsmittelspekulation beteiligt sind auch Banken. Als 2011 der damalige Pressesprecher der Deutschen Bank, Frank Hartmann, zu diesem Thema in einem Telefoninterview befragt wird, spricht er zunächst weitschweifig darüber, welche Verantwortung die Regime in Afrika dafür haben, dass Wohlstand in dieser Region entstehe. Als der Reporter nachfragt, ob eine Haltung, die Menschen in Somalia seien selbst schuld am Hunger, nicht zynisch sei, kommt prompt die überzeugte Antwort vom Pressesprecher der Deutschen Bank: »Natürlich sind die selbst dran schuld.«[7]

Dies eine famose Verzerrung, eine besonders pikante angesichts des Umstands, dass sich die Deutsche Bank selbst an Lebensmittelspekulationen beteiligt. Wenn also die Schuldfrage aufgerufen wird, können sich der globale Norden, konkret die EU und die USA sowie die Banken und Konzerne nicht wegducken. Sie haben sich in den verschiedenen Formen am globalen Süden, unter anderem an Afrika, versündigt. Und damit meine ich nicht allein die länger zurückliegende Kolonialgeschichte. Ihr Interesse an diesem Kontinent bezog sich vor allem auf Afrika als Quelle von Rohstoffen, einen Ort zur Müllentsorgung sowie einen Absatzmarkt für ihre Produkte. Eine eigenständige, nachhaltige Wirtschaftsentwicklung Afrikas hingegen stand und steht nicht gerade oben auf der Prioritätenliste.

Denken wir nur an die finanzielle Unterjochung der lokalen Kleinbauern und Kleinbäuerinnen durch Agrarkonzerne wie Monsanto. Monsanto verkauft gentechnisch verändertes Saatgut und Pestizide zu hohen Preisen. Durch eine geschickte Strategie macht der Konzern nach und nach die lokale Wirtschaft von sich abhängig; schließlich hält er die Patente auf bestimmtes

Saatgut. Wer nicht bei ihm einkauft, gerät ins Visier und wird von Monsanto sofort verklagt, sobald sich das patentierte Saatgut auf seinem Feld nachweisen lässt.

Wer zum Beispiel infolge einer Missernte die hohen Summen für neues Saatgut nicht aufbringen kann, macht Bankrott und verliert sein Land womöglich an einen Agrarkonzern.

Auch die von Seiten der EU angestrebten Handelsabkommen Economic Partnership Agreements (EPA) mit Afrika tragen wahrlich nicht zur Stärkung einer eigenständigen Wirtschaft bei. Sie verlängern vielmehr die strukturellen Abhängigkeitsverhältnisse und verschärfen das bestehende Nord-Süd-Gefälle.

Handelsabkommen mit Afrika (EPA)

Economic Partnership Agreements sollen die Handelsbeziehungen zwischen der EU und den AKP-Staaten (insgesamt 79 Staaten, die in Afrika, in der Karibik und im Pazifik liegen) regeln. Obwohl »Partnership« im Namen steht, kann hier von einer wirklichen partnerschaftlichen Zusammenarbeit nicht die Rede sein, denn bei diesen Abkommen geht es definitiv nicht um eine nachhaltige Entwicklung der lokalen Wirtschaft in Afrika.

Das belegt das folgende Zitat des Generalsekretärs der Initiative Südliches Afrika der Deutschen Wirtschaft, Andreas Wenzel: »Natürlich haben die Wirtschaftsverbände sich für den Abschluss der EPA stark gemacht. Die in unserer Gesellschaft zutiefst verankerte Ausprägung, dem afrikanischen Kontinent helfen zu müssen, darf für uns keine Maßgabe der Politik sein.«[8]

Das nenne ich mal Klartext: Afrika zu helfen darf keine Maßgabe der Politik sein. Zusammengefasst geht es in den angestrebten Abkommen in erster Linie darum, jegliche bestehenden Schutzzollvereinbarungen abzubauen, um eine vollkommene Liberalisierung der Märkte zu erreichen. So sollen Zölle und Gebühren auf Importe aus der EU abgeschafft werden. Das hat zur Folge, dass Billigprodukte, die in den reichen Ländern hergestellt werden, die regionalen Märkte zum Beispiel in Afrika überschwemmen. Regionale Produzent*innen haben dadurch große Absatzprobleme und sind von der Pleite bedroht. Große Konzerne sind nun mal gegenüber kleinen Anbietern deutlich im Vorteil. Für sie ist es leichter, exklusive Verträge mit Handelsketten zu schließen. In Ostdeutschland konnte man diesen Mechanismus in den ersten Monaten nach der Wende gut beobachten: Die großen Supermärkte, die schnell überall entstanden, hatten Verträge mit den großen westdeutschen Produzenten. Die wenigen Produkte, die noch in Ostdeutschland produziert wurden, kamen anfangs kaum in die Regale der Supermärkte. Somit konnten sich die Konsument*innen noch nicht einmal für diese Produkte entscheiden.

Ein ähnlicher, wenn auch viel existentiellerer, Mechanismus wirkt in Afrika. Nicht umsonst bezeichnet die Schriftstellerin Aminata Traoré, die zugleich Sprecherin des »Forum für ein anderes Mali« ist, Freihandelsverträge als »Europas Massenvernichtungswaffen«[9]. Sie beschreibt die vertrackte Situation wie folgt: »Europa schickt uns seine Hühnerbeine, seine Gebrauchtwagen, seine abgelaufenen Medikamente und seine ausgelatschten Schuhe. Und weil eure Reste unsere Märkte überschwemmen, gehen unsere Bauern und Handwerker unter.«[10]

Eine Katastrophe für die Volkswirtschaften der betroffenen Länder. Ginge es nach den Wünschen der EU, soll zudem die Subvention einheimischer Agrarproduktion untersagt werden. Die enormen Summen an Agrarsubventionen in der EU sollen hingegen nicht angetastet werden. Selbst innerhalb ihrer eigenen Marktideologie agieren die EU-Institutionen also nicht kohärent. Wenn es europäischen Unternehmen nützt, darf subventioniert werden. Aber in Afrika soll es unterbunden werden. Dabei haben die EU-Agrarsubventionen verheerende Auswirkungen. Sie führen dazu, dass landwirtschaftliche Produkte zu Schleuderpreisen angeboten werden können, mit denen kaum ein regionaler Anbieter anderswo mithalten kann.

Auch das zerstört wirtschaftliche Existenzen in Afrika, etwa die des Tomatenbauers Johannes Klopka in Ghana, von dem der *TAZ*-Journalist Jürgen Gottschlich[11] berichtet. Bisher lebte die Familie – mehr schlecht als recht – vom Verkauf der selbstangepflanzten Tomaten. Doch die Nachfrage nach ihren Tomaten ist in der Hauptstadt enorm zurückgegangen. Trotz einer bisher wirklich nur kleinen Gewinnspanne können die regional angepflanzten Tomaten nicht mithalten mit den – dank Agrarsubventionen besonders billigen – Dosentomaten aus Europa. Da er seine Tomaten nicht mehr absetzen konnte, verkaufte der Bauer einen Teil seines Landes, gab das Geld seinem Sohn und schickte ihn auf die Flucht nach Europa. Er tat das in der Hoffnung, dass sein Sohn in Europa Geld verdienen und zurückschicken könne. Nachdem die Agrarsubventionen Europas die wirtschaftliche Existenz seiner Familie zu Hause zerstört hatten, sah er keinen anderen Ausweg.

Welche verheerenden Auswirkungen die Regelungen der Handelsverträge haben, ist in der Bundesregierung bekannt. Immerhin hat sich der Afrika-Beauftragte der Bundeskanzlerin, Günter Nooke aus der CDU, kritisch zu dem Freihandelsabkommen geäußert: »Wenn man gleichzeitig viel Steuergeld mit verschiedenen Entwicklungsprogrammen nach Afrika bringt, dann sollte man nicht mit den Wirtschaftsverhandlungen kaputt machen, was man auf der anderen Seite als Entwicklungsministerium versucht aufzubauen.«[12]

Nichtsdestotrotz unternimmt die Bundesregierung nichts gegen diese Praxis der EU. Da die Gesamtverhandlungen mit den AKP-Staaten gescheitert sind, haben die EU-Institutionen nun mit einzelnen Wirtschaftsregionen Verhandlungen aufgenommen, zum Beispiel mit der Ostafrikanischen Gemeinschaft (EAC/ East African Community) und der Westafrikanischen Wirtschaftsgemeinschaft (ECOWAS/Economic Community of West African States).[13] Wie wenig den EU-Eliten an der wirtschaftlichen Entwicklung im globalen Süden liegt, zeigt sich an der erpresserischen Politik, die die EU gegenüber diesen Ländern an den Tag legt. Als eine Reihe von afrikanischen Staaten im letzten Jahr ihre Zustimmung zu den EPA-Abkommen verweigerte, drohte die EU sofort mit der Verhängung von Einfuhrzöllen auf verschiedene Produkte und setzte eine Frist.

Ein Kaffeebohnenexporteur aus Nairobi beschreibt die Folgen: »Wir werden unsere Ware nicht mehr los, durch den EU-Zoll ist sie zu teuer. Wir mussten zwanzig Leute entlassen, andere Exporteure haben das Gleiche getan. Das ist Erpressung. Die EU übt Druck auf uns aus, damit unsere Regierung das Freihandelsabkommen unterschreibt.«[14]

Kenia konnte dem Druck nicht lange standhalten und unterschrieb nach kurzer Zeit das Abkommen.

Land Grabbing

»Entwicklungswirksam, rentabel, umwelt- und sozialverträglich. (...) Mit unserer Arbeit tragen wir zu dauerhaft besseren Lebensbedingungen in Entwicklungsländern bei. Dazu finanzieren wir Investitionen, die Arbeitsplätze schaffen und Devisenerlöse erwirtschaften. (...) Diese wirken als Motor für Wachstum und Entwicklung.«[15] So hört es sich an, wenn die Deutsche Investitions- und Entwicklungsgesellschaft (DEG) über ihr Engagement in Entwicklungsländern spricht. Im Aufsichtsrat dieses Tochterunternehmens der KfW-Bank sitzen immerhin vier Mitglieder der Bundesregierung.[16]

Also leisten wir hier in Deutschland etwa bereits unseren Beitrag, um Fluchtursachen zu bekämpfen? Schön wär's. Doch Investitionen können nicht nur positive, sondern auch schädliche Folgen haben. Inwieweit beispielsweise die Geschäfte der DEG wirklich die Lebensbedingungen in Entwicklungsländern verbessern, ist zumindest fragwürdig. Darauf hat eine Petition von FIAN (FoodFirst Informations- und Aktions-Netzwerk), dem Netzwerk für das Menschenrecht auf Nahrung, und 27 weiteren

Organisationen aufmerksam gemacht. Bei einer Debatte im Entwicklungsausschuss des Bundestags dazu berichtete FIAN von fragwürdigen Vernetzungen der DEG mit Banken und Konzernen, die in »gewaltsame Landkonflikte und Vertreibungen verwickelt sind«.[17]

So investierte die DEG mindestens zweimal in Sambias größten Agrarkonzern Zambeef. Der Konzern ist verantwortlich für die gewaltsame Vertreibung von mindestens sechzig Familien. Um ein weiteres Beispiel anzuführen: In Mali ist die DEG beteiligt an einer Agrarbank, die wiederum Kredite an die Firma »Moulins Modernes du Mali« vergeben hat. Diese Firma ist ebenfalls aktiv am Land Grabbing beteiligt. Obwohl die DEG unter der Rechtsaufsicht des Bundesministeriums für Finanzen steht, unternahm die Regierung bisher nichts, um die deutsche Beteiligung am Land Grabbing zu unterbinden.

Der Begriff Land Grabbing beschreibt eine fragwürdige Praxis der Landaneignung. Demnach wird Land von lokalen oder staatlichen Machthabern an Firmen oder Fonds verpachtet oder verkauft. Allerdings ohne Rücksicht auf die Menschen, die bereits seit vielen Generationen auf diesem Land leben und es bewirtschaften. Um die Tragweite dieser Geschäfte zu ermessen, müssen wir berücksichtigen, dass es nicht überall die etablierte Form des Grundbuchs gibt, wonach Eigentum an Grund und Boden verschriftlicht und nachweisbar festgehalten wird. Es gibt Regionen auf der Welt, wo eine Familie sehr wohl aus Gewohnheitsrecht ein Stück Land seit Generationen ihr Eigen nennen kann, ohne dafür einen schriftlichen Beleg zu haben. Oder aber dieses Land wurde jahrhundertelang gemeinschaftlich genutzt. In dem Moment, wo es finanzkräftige Interessenten an dem Land gibt, bleibt das Gewohnheitsrecht jedoch auf der Strecke.

Globale Schätzungen gehen davon aus, dass das Land Grabbing eine Größenordnung von etwa 50 Millionen bis 220 Millionen Hektar Land umfasst. Zum Vergleich: Die gesamte EU verfügt etwa über 180 Millionen Hektar Ackerland.[18] Infolge von Land Grabbing verfestigt sich die Herrschaft von fragwürdigen lokalen Machthabern, während viele Familien ihre Lebensgrundlage verlieren und häufig sogar gewaltsam vertrieben werden. Sie stehen somit nur zu oft vor der Wahl zwischen einem Leben im Slum oder der gefährlichen Flucht. Ja, die Perspektivlosigkeit, die oft auf den Landraub folgt, treibt Menschen in die Flucht.

So erging es zum Beispiel dem Kongolesen Yann. Seine Familie verlor ihre Lebensgrundlage, als ihr Ackerland enteignet wurde infolge des Verkaufs von Schürflizenzen an ein ausländisches Unternehmen. Er begab sich auf die Flucht nach Europa. Sara Armstrong aus dem Tschad trieben ebenfalls die Erfahrungen mit einem ausländischen Konzern auf die Flucht nach Europa. In seiner Heimat fing der Konzern ESSO an, nach Ölvorkommen zu suchen. Der Bau der Pipeline zerstörte schließlich die Dorfstrukturen. So fiel dem Bau der Pipeline das Schulgebäude zum Opfer, ohne dass für Ersatz gesorgt wurde. Da die 2003 fertiggestellte Pipeline unüberwindbar ist, gelangt die Hälfte der früheren Schülerinnen und Schüler gar nicht mehr zur Schule. Dort, wo einst der Schulweg langführte, versperrt die Pipeline den Weg zur Schule. Zum Bau einer Fußgängerbrücke oder anderer Umgehungsmöglichkeiten, die ja sehr wohl möglich sind, wurde der Konzern jedoch nicht verpflichtet.[19]

Für die Dokumentarfilmerin Miriam Faßbender fasste Yann aus dem Kongo die Situation in seiner Heimat wie folgt zusammen: »Ihr nehmt uns unsere Lebensgrundlage, weil ihr unsere Rohstoffe ausbeutet. Unsere Regierung nimmt uns unsere Zukunft, weil sie keinen Wert auf Bildung legt, sondern Raffgier vorlebt.«[20] Eine bemerkenswerte Schilderung der Komplizenschaft von großen Konzernen und despotischen Regierungen.

Am Beispiel des Land Grabbing zeigt sich – wie Fischer-Lescano und Möller in ihrem Plädoyer für globale soziale

Rechte[21] ausführen – die »Verwobenheit der Krisen«. Das Interesse an Spekulationen mit Agrarland und Lebensmitteln hat in Reaktion auf die Krise an den Finanzmärkten zugenommen. Da der drohende Bankencrash vielen die Unsicherheit von Spekulationen in Hedge-Fonds und andere Luftblasen vor Augen geführt hat, suchte das Kapital nach neuen Anlageformen. Agrarland ist somit zur Ware geworden und zum Investitionsgut, dessen Attraktivität auch darin begründet liegt, dass es sich im Zuge der Klimakrise verknappen wird. (Mehr dazu im Kapitel »Fluchtursache der Zukunft: Klimawandel«, Seite 51–59) Wir haben es hier mit einer verheerenden Krisenspirale zu tun. Denn eine industriell betriebene Landwirtschaft, die vor allem auf Raubbau, Monokulturen, Chemie und Gentechnik basiert, verschärft wiederum den Treibhauseffekt, der seinerseits die Klimakrise befeuert – in deren Folge Agrarland noch knapper wird.

Ocean Grabbing

Jährlich sterben 3,1 Millionen Kinder[22] an den Folgen von Mangelernährung und Hunger. Wie grausam muss solch ein Tod sein. Wie schmerzhaft für Geschwister und Eltern, das leidende Dahinsiechen zu sehen und mit der Verzweiflung umgehen zu müssen, nichts dagegen tun zu können und zudem nicht zu wissen, wen der Hunger als nächstes Opfer holt. In Afrika leiden besonders viele Menschen an Hunger. Diese himmelschreiende Not steht in einem krassen Gegensatz zu dem (einstigen) Reichtum an Bodenschätzen, Tieren und Pflanzen. Paradoxerweise wird vor allem dort gehungert, wo Nahrungsmittel produziert oder abgeschöpft werden. Diese Not hat viele Ursachen. Eine davon heißt Ocean Grabbing.[23]

Afrikas Küsten waren einst reich mit Fisch gesegnet, Fisch, der Hunger stillen könnte. Doch die Fischbestände vor allem vor Senegal und Angola gelten als hoch gefährdet, denn inzwischen sind große Teile der Küstengewässer Westafrikas überfischt. Von

Überfischung ist die Rede, wenn deutlich mehr Fische gefangen werden, als die Fische Nachkommen erzeugen können, und damit die Bestände schrumpfen.

Diese Überfischung ist weniger das Ergebnis einer besonderen Gier der regionalen handwerklichen Fischer. Verantwortlich für diese langfristige Umweltzerstörung sind vielmehr die industriellen Fischfangflotten. Und diese kommen auch aus Europa. Um die große Nachfrage nach Fisch in Europa zu bedienen, fischen die europäischen Fangflotten zunehmend außerhalb europäischer Gewässer. So stammt ein Drittel der unter EU-Flagge gefangenen Fische aus anderen Gebieten, zum Beispiel aus dem Meer vor Westafrikas Küsten.[24] Auch »die Hoheitsgewässer des schon seit über zwanzig Jahren faktisch nicht mehr existenten Staates Somalia wurden bevorzugte Fanggründe ausländischer Fischereiflotten. (...) Andere westliche Unternehmen gingen außerdem irgendwann dazu über, vor der somalischen Küste Industriemüll zu verklappen. Für die einheimischen Fischer bedeutete es das Ende.«[25]

Die Überfischung zerstört nicht nur das Ökosystem der Meere. Der industrielle Fischraub entzieht auch den traditionellen Fischern die wirtschaftliche Basis. Und nicht nur sie sind davon existentiell betroffen, sondern auch die in der Fischverarbeitung Tätigen. Gerade im Bereich des Trocknens und Konservierens von Fisch sind traditionell viele Frauen tätig. Deren wirtschaftliche Existenz wird durch Ocean Grabbing ebenfalls gefährdet, wenn nicht sogar zerstört. Diese Zerstörung einer wirtschaftlichen Grundlage trieb Menschen in die Kriminalität, konkret in die Piraterie. Erinnern wir uns: Die Zunahme von Piraterie am Horn vor Afrika wurde von Nato-Staaten mit militärischen Mitteln beantwortet. Es wäre nachhaltiger gewesen, die Überfischung konsequent zu unterbinden. Die Bekämpfung von Raubfischerei und illegaler Müllentsorgung fiel übrigens nicht in die Zuständigkeit der entsendeten Kriegsschiffe der Nato-Staaten.

Dass in der Konkurrenz mit den industriellen Fangflotten die kleineren lokalen Fischer eher das Nachsehen haben, liegt auf der Hand. Doch anstatt diese Benachteiligung von staatlicher Seite auszugleichen, zum Beispiel durch gezielte Vergabe der Fangrechte an nachhaltig wirtschaftende, in der Region verankerte Fischereiunternehmen, wird sie im Land noch verstärkt. Afrikas Häfen werden nämlich nach und nach umgebaut. Bei dieser vermeintlichen Modernisierung werden jedoch die Anlegeplätze für Kleinfischer einfach wegrationalisiert, die dadurch vom Zugang zu Umschlagplätzen und damit von Märkten schlichtweg abgeschnitten werden. Nachhaltiges Fischereimanagement und der Aufbau einer lokalen Fischereiwirtschaft sehen anders aus.[26]

Für den Fall, dass nun jemand – womöglich ein Pressesprecher einer Bank – meint, die Länder Afrikas seien selbst schuld, wenn sie den Fischraub zulassen, sollte Folgendes erwähnt werden: Das Verhältnis zwischen den reichen Industrienationen und den ärmeren Ländern Afrikas ist ein asymmetrisches. Immerhin sind viele Staaten Afrikas auf internationale Kredite und Devisen angewiesen. Insofern ist es eine einfache Sache, das Recht zum Leerfischen der Meere mit dem dezenten Hinweis zu erpressen, man könne ja ansonsten die Kredite sperren.

Zwischenbilanz

Um es zusammenzufassen: Unser Wohlstand hier basiert auf einer doppelten Ausbeutung dort. Er gründet einerseits auf der Ausbeutung von Naturressourcen sowie andererseits auf der menschenunwürdigen Ausbeutung von Arbeitskräften, zum Beispiel in Textilfabriken in Bangladesch, auf Kaffeeplantagen, in Minen, beim Coltan-Abbau im Kongo oder in abgeholzten Regenwäldern. Die Beteiligung westlicher Konzerne und Banken am Land Grabbing, dem faktischen Landraub, und Ocean Grabbing, also dem industrialisierten Fischraub, entzieht Menschen gerade in Afrika die Lebensgrundlage. Die von der EU autoritär durchgesetzten EPA-Abkommen tragen ihr Übriges dazu bei, um in Afrika die lokalen Märkte zu zerstören. Das bisschen, das Geflüchtete also hier zum Überleben erhalten, ist gemessen an der brutalen Ausbeutung der ärmeren Länder verschwindend wenig. Es ist eher eine minimale Form des solidarischen Ausgleichs des Nord-Süd-Gefälles, eine Art indirekter und wahrlich nicht ausreichender Reparationszahlungen für die jahrzehntelange vielfache Ausbeutung des globalen Südens.[27]

Kurzum: Wirtschaftsimperialismus schafft Wirtschaftsflüchtlinge.[28] Wer für weniger Fluchtursachen ist, muss den ökonomischen Imperialismus sowie die soziale Ungleichheit bekämpfen. Nicht nur mehr, sondern ganz anders – so ließe sich daher das Motto einer wirklich hilfreichen Entwicklungszusammenarbeit auf den Punkt bringen. Wir in Europa tun nicht nur nicht genügend für die Entwicklungshilfe. Immerhin erfüllt Deutschland seit Jahren nicht die Vereinbarung, 0,7 Prozent des Bruttoinlandsprodukts (BIP) in die Entwicklungszusammenarbeit zu investieren. Vielmehr tun Politik und Wirtschaft auch noch das Falsche und sind aktiv beteiligt an sozialen Verwerfungen und der Verelendung ganzer Regionen. Das Schändliche und für Afrikas Entwicklung Schädliche, zum Beispiel die Beteiligung an Land- und Fischraub, zu unterlassen könnte schon mal viel bewirken.

Unterlassene Hilfeleistung bei UNHCR-Camps

Und dann gibt es Bereiche, wo mit verhältnismäßig wenig Geld viel Leid gemildert werden kann: zum Beispiel bei der sicheren Finanzierung der Flüchtlingslager, die von dem UN-Flüchtlingshilfswerk UNHCR betrieben werden. Ein Teil der Flüchtlinge, die sich auf den Weg Richtung Europa gemacht haben, lebte davor in solchen Flüchtlingscamps im Irak, in Jordanien, im Libanon und in der Türkei. Doch je länger der Krieg in ihrer Heimat gedauert hat, desto mehr gaben die Hoffnung auf eine baldige Rückkehrmöglichkeit auf.

Eigentlich sollten von diesen Camps aus Eingliederungen für die Härtefälle, sogenannte Resettlements, in anderen Ländern organisiert werden. Doch die Bereitschaft der reichen Länder, in ihrem Land Resettlement-Plätze anzubieten, ist jeweils sehr begrenzt. Auch weil die Aussichten auf ein geordnetes Umsiedlungsverfahren von solchen Camps aus sehr gering sind, begeben sich Menschen weiter auf die risikoreiche Flucht, die auch ein Aufbäumen gegen die Hoffnungs- und Perspektivlosigkeit darstellt, die sich in solchen Camps breitmachen.

Erschwerend kommt aktuell hinzu, dass in manchen UNHCR-Camps akuter Mangel herrscht, denn die reichen Länder beteiligen sich nicht angemessen an der Finanzierung. Von den 1,8 Milliarden Euro, die für den Nothilfe-Treuhandfonds für Afrika zur Bekämpfung von Fluchtursachen mindestens notwendig wären, sind von den EU-Mitgliedsstaaten Anfang Herbst 2015 lediglich 24,3 Millionen Euro zugesagt. Die wirtschaftsstärksten Länder der EU – Deutschland, Frankreich und Großbritannien – haben sich gar nicht erst verpflichtet, Mittel bereitzustellen. Später wurden zwar öffentlichkeitswirksam Gelder von der deutschen Bundesregierung freigegeben, aber das sind Mittel, die sowieso schon für die Entwicklungszusammenarbeit vorgesehen waren. Die ausstehenden Hilfszahlungen des Westens für die Flüchtlingslager in Jordanien, der Türkei und dem Libanon haben dramatische Folgen für die Menschen vor Ort: gekürzte Lebensmittelrationen, Verlust der medizinischen Versorgung, Zehntausende bekommen gar keine finanzielle Unterstützung mehr. Diese Zustände gehören nach UNHCR-Angaben zu den wesentlichen Ursachen für die gestiegenen Flüchtlingszahlen in den letzten Monaten.[29]

Imperiale Außenpolitik und Militarisierung

Laut der Selbstdarstellung des Auswärtigen Amts in Berlin zielt die deutsche Außenpolitik darauf,»in einem vereinten Europa dem Frieden der Welt zu dienen«. Damit verbunden seien die »europäische Integration und Friedenspolitik als Grundpfeiler deutscher Außenpolitik« sowie die »Stärkung der Menschenrechte« und eine »positive Gestaltung der Globalisierung«.[30] Gemäß dieser Selbstdarstellung tut die deutsche Politik seit Jahren alles, um Menschen weltweit ein gutes Leben zu ermöglichen. Demnach haben wir mit den globalen Konflikten und Krisen nichts zu tun. Und wenn doch, dann versucht unsere Politik das Möglichste, um Elend zu lindern, Konflikte zu entschärfen und mithin Fluchtursachen zu bekämpfen. Schön wär's. Denn die »Neue Weltordnung«, die nach dem Ende des Kalten Kriegs euphorisch ausgerufen wurde und an deren Gestaltung Deutschland und die EU maßgeblich beteiligt sind, hat die Welt nicht friedlicher gemacht. Sie zielt nicht auf eine Stärkung der Menschenrechte, und sie bedeutet das Gegenteil einer positiven Gestaltung der Globalisierung.

Vielmehr betreibt die Bundesregierung seit Jahren eine knallharte Interessenpolitik, in deren Zentrum die Durchsetzung der Profitinteressen von Konzernen und Reichen steht. Die vermeintlich wertegeleitete Außenpolitik ist nur die schöne Verpackung einer imperialen Strategie, die im Wettbewerb mit anderen Mächten steht und auf die Unterordnung beziehungsweise Verwertung anderer Gesellschaften im Interesse des »Standortes Deutschland« zielt. Auch wenn die Regierenden diesen Zusammenhang nur zu gerne verdrängen: Die deutsche Politik selbst produziert Fluchtursachen in vielen Teilen der Welt und am laufenden Band.

Die meisten Flüchtlinge kamen 2015 aus Syrien, Afghanistan, Irak und etlichen afrikanischen Ländern sowie dem Balkan. Die Liste dieser Länder ist eine Aufzählung ehemaliger Kolonialländer beziehungsweise von Ländern, die in Kämpfen um geostrategischen Einfluss und um Rohstoffe in verheerende Kriege gestürzt wurden. Um das Wohlergehen der Bevölkerung ging es dabei nie in erster Linie. Grenzen wurden von den imperialen Mächten beliebig gezogen. Lokale Machthaber und religiöse Bewegungen wurden schon über Jahrhunderte hinweg für die geostrategischen Interessen verschiedener Großmächte instrumentalisiert und gegeneinander ausgespielt. Und daran hat sich bis heute leider nichts geändert.

Das Beispiel Syrien zeigt das mehr als deutlich: Unser »strategischer Partner« Saudi-Arabien und das zunehmend autoritär regierte Nato-Partnerland Türkei unterstützen mehr oder weniger offen terroristische Gruppen wie die Al-Kaida nahestehende Al-Nusra-Front, um Russland und den Iran zurückzudrängen. Zugleich bombardiert die Türkei die selbstverwalteten kurdischen Gebiete und damit ausgerechnet die einzige säkulare und demokratische Kraft vor Ort. Offensichtlich schreckt Präsident Erdoğan vor nichts zurück, um diejenigen Kräfte zu zerstören, durch die er seinen Machtanspruch gefährdet sieht. Und obwohl er offensichtlich auf ein Bürgerkriegsszenario gesetzt hat, um sich als vermeintlich starker Mann zu inszenieren, bestand die »wertegeleitete« Antwort der deutschen Außenpolitik mit Angela Merkel an der Spitze im Oktober 2015 darin, zu ihm zu fahren, um ihn dafür zu gewinnen, Flüchtlinge gemeinsam abzuwehren. Dass dabei sogar der Kuhhandel im Raum stand, die Türkei – trotz der immer offeneren Verfolgung von Oppositionellen dort und des faktischen Bürgerkriegs im Osten des Landes gegen die Kurd*innen – selbst zum »sicheren Herkunftsland« zu erklären, sagt eigentlich schon alles. Im Ergebnis werden jedenfalls »zusätzlich zu den syrischen Flüchtlingen wohl bald auch wieder türkische Demokrat*innen vor Europas Türen stehen«[31].

Ganz zu schweigen davon, dass unser »Partner Saudi-Arabien«, so Außenminister Frank-Walter Steinmeier, selbst eine brutale fundamentalistische Diktatur ist, die die Menschenrechte mit Füßen tritt. Im Jahr 2015 erreichte dort die Zahl der Enthauptungen einen traurigen Rekordstand.[32] Frauen dürfen in Saudi-Arabien nicht einmal Auto fahren. Zudem ist Saudi-Arabien nicht nur ein bevorzugter Handelspartner, sondern seit Jahren ebenso Exportweltmeister eines fundamentalistischen Islam-Verständnisses, eine »Drehscheibe religiöser Militanz. Der Missionsdruck salafistischer Prediger mit ihrer antimodernen Einheitssaga, geschmiert mit Milliardenbeiträgen aus dem Öl, war hoch und zeigte Wirkung.«[33] Das hindert aber eines der europäischen Vorzeigeunternehmen, den Luft- und Raumfahrtkonzern Airbus, nicht daran, für einen dreistelligen Millionenbetrag auch noch Propagandasatelliten der Saudis ins All zu befördern, über die ganz offen Agitation der fundamentalistischen Terrororganisationen Hisbollah und Hamas verbreitet wird.[34]

Ähnlich ist es an viel zu vielen Orten auf der Welt. Aktuell verbünden sich, etwa im Kongo, imperiale Akteure aus der EU mit regionalen paramilitärischen Gruppen, eignen sich transnationale Unternehmen auch mit Rückendeckung der deutschen Politik in zahlreichen Ländern in Afrika Land an und vertreiben die ansässige Bevölkerung. Die Verantwortung der westlichen Staaten an der Zerstörung anderer Staaten ist groß. Ihr Kampf um Einflusszonen in einer imperialen Konkurrenz geht über Leichen.

Insgesamt hat die imperiale Politik auf diese Weise nicht nur selbst zahllose Fluchtursachen geschaffen, sondern darüber hinaus der Glaubwürdigkeit der Demokratie und ihrer Anziehungskraft schwer geschadet. Mit den Worten von Mattias Kumm, einem liberalen Juraprofessor an der New York University, hat der Westen »in vielerlei Hinsicht seine Ideale verraten, und durch seine Heuchelei international großes Misstrauen gegenüber der Rhetorik der Menschenrechte und Demokratie gesät«.[35]

Das stärkt leider reaktionäre Bewegungen überall. Denn »da gerade weder die Europäische Union noch die USA als attraktive

Modelle einer erfolgreichen Institutionalisierung freiheitlich-konstitutioneller Demokratien taugen, hat ihre Anziehungskraft gelitten und Raum für wachsenden Zynismus geschaffen. Das erklärt nicht nur die wachsende Plausibilität für nationalistischen Populismus und neo-imperiale Programmatik, sondern schafft auch wieder Möglichkeiten für Säbelrasseln und neue Kriege.«[36] Deutschland facht durch das Niederkonkurrieren anderer Volkswirtschaften, die Ausbeutung von Rohstoffen, die Mitverantwortung für Klimawandel und Umweltzerstörung sowie die Instrumentalisierung lokaler Konflikte für den Ausbau eigener Einflusszonen nicht nur die Brandherde kriegerischer Konflikte weltweit mit an. Zusammen mit seinen Nato-Verbündeten ist Deutschland vielmehr auch unmittelbar einer der Brandstifter.

Das zeigen die Kriegseinsätze der Nato-Staaten selbst, die im Irak, in Afghanistan und Libyen – entgegen der Rhetorik des »nation building« und des Wiederaufbaus – nichts als Trümmerwüsten und Krisenherde hinterlassen haben. Wobei »nichts« natürlich nicht ganz stimmt: Neben Tausenden von toten Zivilist*innen dort haben diese Einsätze immerhin Profite für Rüstungskonzerne und private Sicherheitsunternehmen sowie einen Bedeutungszuwachs des Militärs hierzulande bewirkt.

Sogar dort, wo – wie im Kosovo – die vermeintlich humanitäre Intervention der Nato-Staaten offiziell noch als erfolgreicher Einsatz verkauft wird, gesteht die Bundesregierung selbst indirekt ihr Scheitern ein. Immerhin muss die Bundeswehr immer noch mit ihren Verbündeten mit mehreren tausend Soldat*innen in diesem kleinen Land präsent sein. Nach über 16 Jahren Militäreinsatz ist das Land geprägt durch den Zerfall staatlicher Strukturen sowie die Diskriminierung von Minderheiten wie Sinti und Roma und gilt inzwischen als ein Zentrum des Menschen- und Drogenhandels.[37] Die Aggressivität gegenüber Minderheiten wird auch im Parlament deutlich. Mehrmals legte die nationalistische Opposition das Parlament mit Tränengas und Pfefferspray lahm, um ein Abkommen zu verhindern, das für die serbische Minderheit wenigstens eine begrenzte Autonomie vorsah.

Die juristische Hilfskonstruktion zur Legitimation völkerrechtswidriger Kriegseinsätze lautet dabei »responsability to protect«: die Verantwortung zu schützen. Das ist heuchlerisch, auch wenn die Ziele dieser Interventionen oft blutrünstige Diktatoren wie Slobodan Milošević in Serbien, Saddam Hussein im Irak, Muammar al-Gaddafi in Libyen oder die Taliban in Afghanistan waren. Zum einen waren viele dieser Diktatoren selbst ehemalige Partner der Nato-Staaten und wurden von diesen erst aufwendig aufgerüstet. Zum anderen ist es nirgendwo gelungen, nach dem Krieg auch den Frieden zu gewinnen und demokratische Strukturen sowie eine nachhaltige Wirtschaft aufzubauen. Dieser Umgang mit dem Völkerrecht schaffte fatale Präzedenzfälle, die Nachahmer ermutigten, ebenfalls das Völkerrecht zu brechen. Um nur ein Beispiel von vielen zu nennen: Der völkerrechtswidrigen Annexion der Krim durch das von Wladimir Putin autoritär regierte Russland 2015 ging der Nato-Angriff auf Serbien 1999, die Invasion des Iraks 2003 und die Bombardierung Libyens 2011 voraus.

Falken, ihr hattet eure Chance

Selbst die einzige – angesichts dieses offensichtlichen Scheiterns der imperialen Außenpolitik – übrig gebliebene Legitimation für Kampfeinsätze des westlichen Militärs, der »Krieg gegen den Terror«, erweist sich bei genauerer Betrachtung als Vorwand. Nicht, dass es nicht tatsächlich eine Gefahr durch religiösen Fundamentalismus und Terrorismus geben würde. Die gibt es – sogar in wachsendem Ausmaß. Der Krieg gegen den Terror setzte bisher auf militärische Interventionen, auf Raketen- und Drohneneinsätze, auf geheime Gefängnisse und Folterzentren, den Abbau der Bürgerrechte und den Ausbau des Überwachungsstaats.

Doch die Folgen dieser Art von Krieg gegen den Terror sind schrecklich. So wird die Gesamtzahl der Todesopfer der Kriege in Afghanistan, Pakistan und Irak öffentlich drastisch unterschätzt. Sie liegt für die letzten 15 Jahre bei weit über 1 Million. Zugleich belaufen sich die Kosten für diesen Krieg inzwischen schon auf mehr als 3 Billionen US-Dollar. Dies ist das Ergebnis einer Untersuchung, welche die deutsche, US-amerikanische und kanadische Sektion der Internationalen Ärzte für die Verhütung des Atomkrieges veröffentlichten.[38]

Der Krieg gegen den Terror hat seinerseits ganze Gesellschaften zerstört und dort den Boden für weitere Gewalt bereitet. Zudem gingen mit ihm eine »Privatisierung des Krieges« und die Ausbildung eines militärisch-industriellen Komplexes einher, die eine Brutalisierung und Verselbständigung von privaten Gewaltakteuren jenseits jeder rechtsstaatlichen Kontrolle zur Folge haben.

Das Fazit der westlichen Militärabenteuer im Krieg gegen den Terror fällt insgesamt vernichtend aus: Trotz eines riesigen Aufwands an Menschenleben und Geld ist die Welt durch die Einsätze der Nato-Staaten in den letzten 15 Jahren nicht sicherer geworden, nicht einmal in den westlichen Staaten selbst. Im Gegenteil: Die Bedrohung durch fundamentalistische Gewalttäter ist – sogar nach Aussage von Polizei und Geheimdiensten – massiv gestiegen. Dazu ausnahmsweise mal die Einschätzung des Verfassungsschutzes selbst: »Lag die bundesweite Zahl der Salafisten im Jahr 2011 noch schätzungsweise bei 3 800 Personen, beläuft sich das aktuelle salafistische Personenpotenzial im Juni 2015 auf circa 7 500 Anhänger. Die Dynamik salafistischer Bestrebungen wird sich bis auf weiteres fortsetzen, entsprechend ist kurz- und mittelfristig mit weiter steigenden Anhängerzahlen zu rechnen.«[39] Kein besonders gutes Zeugnis, welches sich die selbsternannten Extremismusbekämpfer hier höchstpersönlich ausstellen.[40]

Dieser Anstieg der Terroristen hängt nicht zuletzt übrigens mit den zynisch als »Kollateralschäden« verbuchten, unschuldigen Opfern von Drohnenkrieg und Sondereinsätzen zusammen. Diese liefern den Fundamentalisten immer neues Propagandamaterial. Wer Familienangehörige durch westliche Bomben oder Drohnen verloren hat, ist womöglich eher anfällig für Rekrutierungsbestrebungen der menschenverachtenden Terroristen. Terrorbanden wie der IS planen ihre grausamen Anschläge wie die in Paris mit kaltem Kalkül. Sie setzen darauf, dass als Reaktion die Feindseligkeit gegen den Islam generell zunimmt und sie in einem verschärften gesellschaftlichen Klima leichter neue Kämpfer anwerben können. Auf grausame Terroranschläge mit Besonnenheit zu reagieren, nicht weiter in der Spirale von Krieg und Terror zu verbleiben ist insofern nicht nur ein Gebot des Antimilitarismus. Vielmehr geht es darum, der terroristischen Propaganda nicht in die Hände zu spielen.

Dass der Krieg gegen den Terror nicht nur humanitär und rechtsstaatlich eine Katastrophe war, sondern sich auch als sicherheitspolitische Geisterfahrt erwiesen hat, liegt dabei übrigens nicht daran, dass Demokratie und Islam unvereinbar wären, wie eine beliebte Erklärung von Rechtspopulist*innen lautet. Vielmehr sind durch Folter und die Missachtung rechtsstaatlicher Prinzipien die demokratischen Werte wie Meinungs-, Presse- und Religionsfreiheit von Seiten des Westens selbst massiv beschädigt worden. Das sind demokratische Errungenschaften, die weder »östlich« noch »westlich« sind, sondern für die überall auf der Welt gekämpft wird, von afghanischen Frauenrechtlerinnen ebenso wie iranischen Streikenden oder ägyptischen Studierenden.

Von rechts reagieren verschiedene Kulturkämpfer*innen auf die Legitimationskrise der westlichen Demokratie, indem sie das Scheitern der nachholenden Modernisierung mit einer reaktionären Rückbesinnung auf vorgestellte Gemeinschaften und Bandenwesen beantworten – entweder als populistische Rückwendung zum Nationalstaat oder als postnationales Versprechen religiöser Gemeinschaften in den Randzonen des Weltmarkts.

Diese Zonen können inzwischen übrigens auch in Gelsenkirchen oder Tottenham liegen – das ist Globalisierung! Pegida, Islamischer Staat und Al-Kaida profitieren alle davon, dass die demokratische Mitte ihre eigenen Werte systematisch im Stich gelassen hat.

Schließlich wäre »die Empörung über den salafistischen Terror glaubwürdiger, hätten die westlichen Staaten nicht wiederholt den Jihadisten zum Durchbruch verholfen – in Afghanistan, in Syrien bzw. Irak, demnächst womöglich in Libyen. Und würden sie nicht den Weltmeister im Salafismusexport, namentlich Saudi-Arabien, zu ihren engsten Verbündeten zählen. Dass das Schlachtfeld der Jihadisten inzwischen ein globales ist, ist jedenfalls auch ihnen und ihren Verbündeten zu verdanken.«[41]

Und das Scheitern des »War on Terror« liegt auch nicht daran, dass beispielsweise die Menschen in Afghanistan, wie Innenminister Thomas de Maizière jüngst zynisch nahelegte, einfach »undankbar« seien. Schließlich seien deutsche Soldaten ja seit langem dort im Einsatz, und es sei viel Entwicklungshilfe nach Afghanistan geflossen, weswegen man doch auch erwarten könne, dass die Afghan*innen in ihrem Land bleiben. Viel eher könnte man de Maizière fragen, »ob Deutschlands Politik in Afghanistan nicht gescheitert ist und die Flüchtlinge dafür eine Quittung sind«.[42]

Das sollten sich nicht zuletzt all diejenigen konservativen Sicherheitspolitiker*innen in Erinnerung rufen, die linke Lösungen immer noch für »weltfremd« oder gar »gefährlich« halten. Im Angesicht der Anschläge von Paris und Kopenhagen und der Eskalation von Staatszerfall und fundamentalistischem Terrorismus an Europas Grenzen kann man ihnen nur sagen: Ihr Falken, die ihr auf Militarisierung setzt, ihr hattet eure Chance, ihr könnt gehen. Eure sicherheitspolitische Geisterfahrt muss beendet werden.

Dazu gehört die grundsätzliche Einsicht: Fundamentalismus und gruppenbezogene Menschenfeindlichkeit sind kein militärisch zu lösendes Problem. Das ist keine besondere Erkenntnis, das steht nach jedem fundamentalistischen Anschlag in Europa wieder in allen Zeitungen. Dass trotzdem so verbissen an der Aufrüstung der Militärapparate und Geheimdienste als dem Mittel der Terrorbekämpfung festgehalten wird, liegt daran, dass dahinter nicht zuletzt auch ökonomische Interessen und das Machtkalkül der Apparate stehen.

Inzwischen wird zwar immerhin medial das Scheitern des War on Terror verhandelt, das ändert aber nichts daran, dass er weiter als notwendiges Mittel zur »Eindämmung« verstanden wird. Anstatt gemeinsam über die tieferliegenden Ursachen von Terrorismus zu reden, wird militärisch Gewalt als Allheilmittel zu dessen Bekämpfung gepredigt. In dieser Spirale von Krieg und Terror bleibt unbeachtet, dass die Entwicklung von Staaten im globalen Süden unter den aktuellen Bedingungen des kapitalistischen Weltmarkts kaum eine realistische Chance hat. Nicht zuletzt da es im Westen kein wirkliches Interesse gibt, eine funktionierende und wettbewerbsfähige Industrie auch noch dort aufzubauen, wo bisher keine ist. Absatzmärkte will man, Konkurrenz eher nicht so gerne. Ohnehin erschwert die kurzfristige geopolitische Staatenkonkurrenz – unter anderem zwischen China, USA, Russland und der EU – eine langfristige Strategiebildung.

Dementsprechend wurde und wird der häufig beschworene »zivile Aufbau« extrem vernachlässigt und auf das so effektvolle wie ineffiziente Primat des Militärischen gesetzt. Nur ein Beispiel: Die Bundesregierung gab in Afghanistan viermal mehr Geld für den Bundeswehreinsatz als für die Entwicklungshilfe aus. Zahlreiche Hilfsorganisationen setzten sich daher für einen Strategiewechsel ein, wonach der zivile Aufbau Vorrang erhält.

In einer Stellungnahme ziehen sie eine ernüchternde Bilanz der bisherigen Politik: »Stattdessen erleben wir das Gegenteil: verstärkte und oft unangemessene Militäroperationen, die sich zu einem offenen Krieg mit steigenden Opferzahlen auch unter der Zivilbevölkerung entwickeln. Dies führt dazu, dass die Afghanen die als Befreier vom Taliban-Regime begrüßten Truppen heute eher als Besatzer wahrnehmen. Die wachsende Unzufriedenheit verschafft den radikalen Kräften Zulauf. Besonders erschwert wird die Arbeit von Hilfsorganisationen durch die Vermischung militärischer und ziviler Tätigkeiten, wie sie etwa im Rahmen der auch von Deutschland unterstützten Regionalen Wiederaufbauteams stattfindet.«[43]

Übrig bleiben die technokratische Verwaltung und Weltordnungskriege, die nicht zu gewinnen sind. Vielmehr stellen sie eine brutale Form der Krisenverwaltung dar, die sich, wie die Kommerzialisierung und Privatisierung des Kriegs zeigen, selbst zum Geschäftsfeld gemausert hat. Ob man die militärische Durchsetzung wenigstens bürgerlich-rechtlicher Verhältnisse besser findet, wie die Grünen inzwischen gerne nahelegen, ist insofern eine ziemlich naive Frage. Entscheidend ist schließlich, was unter den gegebenen Verhältnissen möglich ist, nicht was vielleicht wünschbar wäre. Und dass es gelingt, nach dem Krieg auch den Frieden zu gewinnen, ist leider sehr unrealistisch. Das zeigen die Erfahrungen von vielen Jahren Krieg gegen den Terror.

Die an meine Partei immer wieder herangetragene Frage, wann wir uns endlich bezüglich unseres konsequenten Neins zu Militäreinsätzen bewegen würden, geht insofern in die komplett falsche Richtung. Denn es gilt, Schluss zu machen mit einer Feuerwehrpolitik, die immer noch mehr Feuer entzündet. Es braucht vielmehr einen umfassenden Politikansatz, der endgültig Schluss macht mit dem Primat des Militärischen.

Manchmal besteht der erste Schritt in die richtige Richtung darin, die Reise in die falsche Richtung abzubrechen. Das heißt: Die zentrale Aufgabe zum Abbau von Fluchtursachen besteht im Bereich des Militärischen erst einmal im Unterlassen. Das gilt auch im Hinblick auf die vertrackte Situation in Syrien.

Geheimdienstbündeleien

Am 21. Oktober 2015 berichten die Nachrichten über die Situation auf den Fluchtrouten. Dabei wird eine Frau interviewt, die mit ihrem Kind und ihrem Mann aus Syrien geflohen ist. Seit Wochen sind sie unterwegs ohne sichere Unterkünfte. In Anbetracht einer bevorstehenden kalten Nacht, die die gesamte Familie wohl im Freien verbringen muss, sagt sie in die Kamera:»Die Kälte, den Schnee, den Regen ertragen wir zur Not. All das geht zu ertragen. Was aber niemand ertragen kann, sind Bomben.«Es ist schlicht die Angst vor Bomben, die Angst um Leib und Leben ihrer Familie, die sie in die Flucht trieben.

Nach vier Jahren Bürgerkrieg befindet sich inzwischen die halbe Bevölkerung Syriens auf der Flucht. Einer Befragung unter geflüchteten Syrer*innen in Deutschland durch die Initiative »adopt a revolution« zufolge flohen die meisten (92 Prozent) von ihnen, weil ihr Leben durch den bewaffneten Konflikt bedroht war. Außerdem gaben 77 Prozent der Befragten auch die Angst vor Verhaftungen und Entführungen durch das Assad-Regime als Fluchtgrund an. US-amerikanische und russische Bomben haben die Situation nur verschlimmert. Laut des UN-Koordinierungsbüros für humanitäre Hilfe (OCHA/Office for the Coordination of Humanitarian Affairs) flohen allein im Monat Oktober 120 000 Syrer*innen vor russischen Luftangriffen, ein Dutzend Krankenhäuser seien bei den Angriffen zerstört worden. Die US-Regierung räumt mittlerweile offiziell ein, dass bei US-Luftangriffen in einem Jahr 250 Zivilisten getötet wurden. Die Dunkelziffer dürfte um ein Vielfaches höher sein.[44]

An diesem Zustand mag die EU nicht unmittelbar mit schuld sein. Jedoch sollte nicht unter den Tisch fallen, dass vor noch nicht allzu langer Zeit Deutschland den syrischen Staat kräftig unterstützte. Immerhin lieferte Deutschland Zusatzstoffe zur Giftgasherstellung an Syrien. Zudem gibt es eine Kooperation zwischen den Geheimdiensten, die im Zuge des »Kriegs gegen den Terror« nach 2001 intensiviert wurde.[45] Diese Art der Zusammenarbeit hat offenbar nicht einmal nach 2011 im Bürgerkrieg aufgehört, ungeachtet des Abbruchs der diplomatischen Beziehungen. Das ARD-Studio berichtete im Mai 2013 von einem erneuten Treffen des BND-Chefs Schindler mit einem Geheimdienstchef in Damaskus.[46] Wofür aber die EU unmittelbar Verantwortung trägt, ist ihr Grenzregime. Und dieses Grenzregime trägt dazu bei, dass die Flucht (nicht nur) dieser Familie mit (Eises-)Kälte sowie mit Gefahren für Gesundheit und Leben einhergeht.

Waffenexporte – Fluchtursachen »Made in Germany«

Angeblich will die Bundesregierung Fluchtursachen bekämpfen. Doch wenn es konkret wird, ist davon nichts zu sehen. Deutsche Rüstungsfirmen verdienen weiterhin am Verkauf jener Waffen, die in vielen Ländern Bürgerkriege anheizen. Wer aber Waffen in alle Welt exportiert, darf sich nicht wundern, wenn diese Waffen Menschen in die Flucht schlagen. Wer mit Staaten wie Saudi-Arabien kooperiert, die den Terror finanzieren und exportieren, für den gilt dasselbe. Angesprochen fühlen sollte sich hier zum Beispiel Sigmar Gabriel. Er hätte es als Wirtschaftsminister in der Hand, die Rüstungsexporte zu unterbinden. Doch er lässt zu, dass das Geschäft mit Waffen, also das Geschäft mit dem Tod, weiter floriert.

So sind die Waffenexporte aus Deutschland im ersten Halbjahr 2015 nicht etwa gesunken, sondern deutlich angestiegen. Allein im ersten Halbjahr 2015 hat die Bundesregierung praktisch genauso viele Waffenexporte genehmigt wie im gesamten Jahr 2014. Von Januar bis Juni 2015 wurden Ausfuhrgenehmigungen im Wert von 6,35 Milliarden Euro erteilt, gegenüber 6,51 Milliarden im gesamten Jahr 2014.[47] Deutsche Konzerne verdienen also weiter massiv daran, das Handwerkszeug für Mord und Totschlag weltweit zu verkaufen. Die Industrie liefert die Waffen und die Regierung den rechtlichen Rahmen dazu. Das sind Fluchtursachen »Made in Germany«.

Besonders brisant ist die faktische Verdreifachung der Waffenexporte in die arabischen Staaten von 219 Millionen Euro im ersten Halbjahr 2014 auf 587 Millionen Euro im ersten Halbjahr 2015. Auffällig ist dabei insbesondere die Exportgenehmigung für 3 000 Maschinenpistolen an die Vereinigten Arabischen Emirate.[48] Das Land gehört zu der saudisch geführten Koalition, die Krieg im Jemen führt. Die Emirate sind daran sogar mit Bodentruppen beteiligt. Ob die Bundesregierung die Exportgenehmigung für die Maschinenpistolen vor oder nach Kriegsbeginn erteilt hat, ist unbekannt. Dass die Waffen heute dort eingesetzt werden, ist jedoch zu befürchten.

Angeblich geht es bei dem Militäreinsatz im Jemen um die Bekämpfung von Terroristen. Zu befürchten steht jedoch, dass auch diese Militärintervention – wie all die anderen Interventionen im Zeichen des Kriegs gegen den Terror davor – kontraproduktiv wirken wird. Auf jeden Fall hat er nach Angaben des UNO-Hochkommissariats für Menschenrechte schon jetzt Gesundheit und Leben von mehreren tausend Zivilist*innen gekostet. So kamen beispielweise beim Einsatz von Streubomben zahlreiche Männer, Frauen und Kinder ums Leben. Die jemenitische Familie Ayash etwa war am Morgen des 15. Juli gerade dabei, ihre Kühe und Schafe auf die Weide zu treiben, als plötzlich Streubomben in ihren Hof einschlugen und mehrere Familienmitglieder schwer verletzten.[49] Und die Gefahr ist noch lange nicht gebannt, denn Streumunition tötet und verletzt nicht nur während des Angriffs, sondern noch lange danach, weil einzelne Explosionskörper liegen bleiben und erst viel später explodieren, beispielsweise wenn spielende Kinder auf sie treten.

Inzwischen wurden einige parlamentarische Fragen[50] bezüglich dieses arabischen Militäreinsatzes im Jemen an die Bundesregierung gestellt. Von Seiten der Bundesregierung fiel in keiner der bisher vorliegenden Antworten ein kritisches Wort dazu, nur Rechtfertigungen waren zu hören.

Der ehemalige UN-Waffeninspekteur und linke Abgeordnete Jan van Aken fasst hingegen die Situation wie folgt zusammen: »Es ist ein Riesenfehler, 3 000 Maschinenpistolen an die Vereinigten Arabischen Emirate zu liefern. Die marschieren gerade an der Seite von Saudi-Arabien im Jemen ein und sorgen damit dafür, dass Al-Kaida dort immer mehr an Boden gewinnt. Die Waffenexporte in die arabischen Länder haben nichts mit Terrorbekämpfung zu tun. Im Gegenteil, sie stärken nur die Terrorgruppen in der Region.«

Saudi-Arabien kann im Krieg im Jemen auch auf deutsche Waffentechnologie zählen. Die saudische Luftwaffe setzt Kampfflugzeuge der Typen MRCA Tornado und Eurofighter/Typhoon ein.[51] Beide Flugzeuge sind europäische Gemeinschaftsproduktionen mit deutschem Anteil. Zwar ist bei den Exporten dieser Flugzeuge nach Saudi-Arabien Großbritannien als Konsortialführer aufgetreten, das heißt, es handelt sich offiziell um britische Exporte. Aber auch bei diesen Flugzeugen sind natürlich die deutschen Komponenten verbaut. Noch im Mai 2015, also nach Kriegsbeginn, hat die schwarz-rote Regierung sogar Sammelausfuhren von Flugzeugteilen nach Saudi-Arabien genehmigt. Erteilt wurden sie einem Unternehmen, das unter anderem Komponenten für den MRCA Tornado und die saudischen F-15 herstellt.[52]

Womöglich wird es infolge dieser Militärintervention (mit deutschen Rüstungsgütern) zu einem weiteren Anstieg der Flüchtlingszahlen kommen. Auch das sind Fluchtursachen »Made in Germany«.

Und es gibt weitere belegte Beispiele dafür, dass deutsche Waffen direkt in den Kriegs- und Krisengebieten der Welt zum Einsatz kommen.[53]

Ägypten produziert seit den 1980er Jahren den Radpanzer Fahd, der auf deutschen Lizenzen basiert. Zulieferungen für die

Herstellung wurden von der Bundesregierung über die Jahre kontinuierlich genehmigt. Bei den Protesten auf dem Tahir-Platz kamen die Radpanzer öffentlich dokumentiert zum Einsatz gegen Demonstrant*innen.[54]

Als die Terrororganisation IS in Syrien auf dem Vormarsch war, waren es kurdische Einheiten der linken YPG, die sie in einem verzweifelten Kampf aufhielten. Die kurdischen Kämpfer*innen der YPG wurden nachweisbar auch mit Milan-Panzerabwehrraketen aus deutsch-französischer Produktion bekämpft.[55] Im Klartext heißt das: Die verschiedenen Kriegsparteien werden mit Waffen aus Deutschland beliefert. Die Waffen, mit denen heute die kurdischen Kämpfer*innen beschossen werden, kamen in der Vergangenheit aus Deutschland. Nun werden wiederum Waffen an die Peschmerga-Kurd*innen geliefert, um sie im Kampf gegen den IS zu unterstützen. Die Fehler der Vergangenheit, also die Waffenlieferungen, werden mit neuen Waffenlieferungen ausgeglichen.

In der Türkei wird gegenwärtig – Herbst/Winter 2015 – vom Präsidenten Recep Tayyip Erdoğan ein Bürgerkriegsszenario befeuert. Es gibt Angriffe auf Büros oppositioneller Parteien, auf Friedensdemonstrationen kommt es zu tödlichen Anschlägen, und kurdische Gebiete werden von staatlicher Seite bombardiert. Die religiöse Minderheit der Jesiden ist insofern doppelt bedroht: sowohl durch den Islamischen Staat, der sie vernichten möchte, wie durch den türkischen Staatspräsidenten, der sie bombardieren lässt. Vorangegangen ist dieser Entwicklung in der Türkei eine demokratische Wahl, bei der Erdoğan – anders als von ihm erhofft – die Zweidrittelmehrheit verfehlte und bei der mit der HDP (Halkların Demokratik Partisi/Demokratische Partei der Völker) eine kurdische Partei die 10-Prozent-Hürde nahm. Erdoğan zielt nun offensichtlich darauf ab, sich als starker Mann zu inszenieren und den Eindruck zu erwecken, hätte er die absolute Mehrheit, wäre es nicht zu diesem Chaos gekommen. Für diese Inszenierung geht er auch über Leichen.

Nichtsdestotrotz wird sein Regime von deutscher Seite aus kräftig mit Waffen versorgt. So hat Sigmar Gabriel in den Jahren 2014 und 2015 Exporte von Sturmgewehren und Maschinengewehren für rund 5 Millionen Euro an die Türkei genehmigt. Empfänger war dabei auch das türkische Innenministerium.[56] Eben jenes Ministerium, das gerade mit allen Mitteln Menschenrechte und Demokratie in der Türkei bekämpft. Das ist allerdings nur die Spitze des Eisbergs: Seit dem Jahr 2000 hat die Türkei Rüstungsgüter aus der Bundesrepublik im Gesamtwert von 2,38 Milliarden Euro bezogen.[57]

Bisher galt die Türkei als eines der Hauptaufnahmeländer für Flüchtende. Die schlechte Behandlung von Geflüchteten dort und das Agieren Erdoğans schaffen eine Unsicherheit, die nicht wenige Flüchtende dazu bringt, ihre Flucht nicht in der Türkei zu beenden, sondern vielmehr fortzusetzen in Richtung Kerneuropa. Wenn also Angela Merkel und Sigmar Gabriel schon mit der Türkei die Zusammenarbeit suchen, sollte es nicht darum gehen, Erdoğan zu unterstützen und mit Waffen zu beliefern. Vielmehr müsste eine vernünftige Versorgung der in der Türkei angekommenen Flüchtenden im Vordergrund stehen.

Verschlungene Wege

Nicht immer verläuft die Verbindungslinie zwischen Waffenexport und Fluchtursachen geradlinig nach dem Motto: Deutsche Konzerne liefern Waffen in Land A, und dann flüchten Menschen aus Land A. Die Kausalkette ist gelegentlich länger, und die Wege der Waffengeschäfte sind oft verschlungen. So gibt es einen weltweiten Schwarzmarkt für Waffen. Der größte Teil der dort gehandelten Waffen bestand einst aus »legalen« Waffen, das heißt, sie wurden regulär von einem Land in ein anderes verkauft. Im Lauf der Jahre – sei es ausgelöst durch Korruption, Diebstahl, politische Umbrüche oder anderes – wurden aus diesen »legalen« Waffen illegale: Sie verschwanden aus den staatlichen Arsenalen und landeten auf dem Schwarzmarkt. Und so fanden und finden sie ihren Weg in die verschiedensten Kriegs- und Krisengebiete. Dies ist kaum zu verhindern. Die einzige Möglichkeit, den internationalen Schwarzmarkt für Waffen auszutrocknen, besteht darin, die ursprüngliche Quelle trockenzulegen: den »legalen« Waffenhandel.

Das brisanteste Problem in dieser Hinsicht ist die Vergabe von Lizenzen zum Nachbau von Waffen. Dies geschieht häufig zusammen mit dem Verkauf ganzer Rüstungsfabriken. Ein Geschäft, in dem deutsche Firmen seit Jahrzehnten tätig sind. Rüstungsfabriken stellen für Jahrzehnte Waffen her. Ist eine Fabrik erst einmal errichtet, wird dort produziert, ohne dass irgendjemand noch realistisch beeinflussen könnte, an wen die dann produzierten Waffen gehen, wer damit bekämpft und getötet wird. Zumal sich in den jeweiligen Ländern auch die Kräfteverhältnisse verändern können.

So galt in den 1960er Jahren der Iran noch als Verbündeter der BRD. Die damals in den Iran gelieferte Waffenfabrik wurde – wie zu erwarten war – nach der Islamischen Revolution 1979 nicht geschlossen. Dort werden heute noch Waffen hergestellt. Damals, als der Iran noch als Verbündeter galt, wurde im Rahmen der bundesdeutschen Ausrüstungshilfe eine Produktionslinie für das Sturmgewehr G3 aufgebaut. Nach iranischer Darstellung wird das Gewehr noch heute hergestellt und exportiert. So rüstete der Iran in den 1990er Jahren während des Balkan-Kriegs Bosnien mit G3-Sturmgewehren aus.[58] Die langfristige Unkontrollierbarkeit bei Waffenverkäufen zeigte sich auch während dieses Kriegs, in dem viele Menschen ihre Heimat oder sogar ihr Leben verloren beziehungsweise in die Flucht getrieben wurden.

Deutsche Beihilfe zum Geschäft mit dem Tod

Dem renommierten schwedischen Institut SIPRI (Stockholm International Peace Research Institut) zufolge gehört Deutschland seit langem zu den führenden Exporteuren von Waffen und Rüstung.

Fakt ist: die Regierungen aller Couleur von Schwarz-Gelb über Rot-Grün bis Schwarz-Rot haben die Rüstungsexporte nicht eingedämmt, sondern steigen lassen. Sie haben Waffenexporte zugelassen, ganz gleich ob sie an Diktatoren oder in Krisengebiete gingen. Die Verantwortung der deutschen Regierungen beschränkt sich jedoch nicht auf das Erteilen von Genehmigungen. Rüstungsexporte werden auf vielfältige Art staatlich flankiert. Eine Form der Förderung besteht in Hermes-Bürgschaften. Diese Bürgschaften federn das unternehmerische Risiko beim Geschäft mit Waffen ab. Falls es schlecht läuft, greift die Bürgschaft, und Steuergelder kommen zum Einsatz. Solche Privilegien genießen nicht alle Unternehmen. In Berlin beispielsweise hat vor kurzem ein Geschäft eröffnet, in dem fair gehandelte Taschen verkauft werden, die in Afghanistan produziert wurden.[59] Diese Lederwerkstätten bieten Menschen in dem kriegsgebeutelten Afghanistan eine wirtschaftliche Perspektive. Doch solche Unternehmen des fairen Handels müssen das unternehmerische Risiko allein tragen, sie kommen nicht in den Genuss von Hermes-Bürgschaften.

Während Fair-Trade-Unternehmen eher auf sich gestellt sind, werden die Geschäfte von Rüstungskonzernen von staatlicher Seite kräftig befördert. Auch dadurch, dass bei Auslandsreisen der Bundeskanzlerin und der Bundesminister*innen Rüstungslobbyisten in der deutschen Delegation mitreisen und an höchster Stelle privilegiert für ihre Produkte werben dürfen. Oder flankierend zum Rüstungsdeal bietet die Bundesregierung Hilfe bei der Ausbildung der jeweiligen Truppen an, etwa bei der Anwendung der verkauften Waffen. Quasi als kleine Gratiszugabe zum Rüstungsdeal – finanziert mit Steuergeldern.

Ich meine, all diese Formen der staatlichen Förderung von Rüstungsgeschäften sind letztlich Beihilfe zum Geschäft mit dem Tod. Diese Beihilfe gehört umgehend unterbunden. Und die Exporte von Waffen, der Verkauf von Waffenlizenzen sowie von Waffenfabriken gehören umgehend verboten. Nicht zu vergessen ist das Verbot von Kleinwaffen, wie unter anderem Maschinenpistolen oder Sturmgewehre bezeichnet werden. Diese – hier sollte man sich von dem harmlos klingenden »Klein« in der Bezeichnung nicht täuschen lassen – wurden für besonders viele Menschen zum tödlichen Verhängnis. Immerhin 90 Prozent aller Kriegsopfer gehen auf das Konto von sogenannten Kleinwaffen.

Sonst liefern andere

Die rhetorische Verteidigungslinie gegen diese Forderungen lautet: Wenn wir nicht liefern, liefern andere. Also ist es doch besser, wenn wir das Geschäft machen. Diese Argumentation ähnelt übrigens zum Verwechseln dem Erklärungsversuch der Deutschen Bank, warum sie sich an Nahrungsmittelspekulationen beteiligt. Und dieses absurde Rechtfertigungsmuster weiterzudenken hieße, Deutschland müsste nun unbedingt führend in den Schmuggel von Heroin und Kokain einsteigen. Denn wenn wir nicht liefern, liefern ja andere.

Anstatt sich dieser alten Ausrede zu bedienen, sollte Deutschland mit gutem Beispiel vorangehen. Wenn hierzulande ein Waffenexportverbot durchgesetzt wird, wird das der Friedensbewegung in anderen Ländern ein starkes Argument liefern. Die Bevölkerungen anderer Länder könnten ebenfalls ihre Regierungen diesbezüglich unter Druck setzen, zum Beispiel indem die Forderung, Waffenexporte zu verbieten, einen Stellenwert bekäme, der Wahlkämpfe beeinflussen würde. Nur zur Erinnerung: Die Tatsache, dass es bereits in vielen anderen Ländern der EU einen Mindestlohn gibt, hat dem langen Kampf um die Einführung eines Mindestlohns in Deutschland geholfen.

Zudem könnte die deutsche Regierung ihren Einfluss nutzen, um multilaterale Abkommen zum Ausschluss von Rüstungsexporten durchzusetzen. All dies zeigt: Es ist möglich und nötig, Rüstungsexporte zu verbieten und die Profiteure der weltweiten Kriege und Krisen zur Kasse zu bitten, um wirklich Fluchtursachen zu bekämpfen. Denn damit werden Fluchtursachen im doppelten Sinne bekämpft. Zum einen, indem den tödlichen Konflikten nach und nach die Munition entzogen wird. Zum anderen, indem in den Ländern jeweils Geld für das Leben freigesetzt wird. Vergessen wir nicht, in einer militarisierten Weltordnung stehen auch ärmere Länder unter entsprechendem Druck, Waffen anzuschaffen. Und jeder Dollar beziehungsweise jeder Euro oder Rubel, der dafür ausgegeben wird, kann nicht in Bildung und Schulen investiert werden.

Rassistische Verfolgung

Wer aus dem Westbalkan, also aus Ländern wie Serbien, Kosovo, Bosnien und Herzegowina, Mazedonien oder Albanien, kommt, hat es in Deutschland besonders schwer. Geflüchtete aus dieser Region gelten nicht nur bei Pegida, AfD und CSU, sondern auch bei der Mehrheit im Bundestag und Bundesrat als reine Wirtschaftsflüchtlinge – wie wäre sonst die breite Zustimmung zur Einstufung dieser Länder als sichere Drittstaaten zu verstehen. Lediglich 0,4 Prozent der Asylanträge von Geflüchteten aus dem »Westbalkan« wurden 2014 anerkannt. Eine gründliche Prüfung würde jedoch sehr wohl ergeben, dass selbst angesichts der restriktiven Gesetzeslagen ein Recht auf Schutzstatus auch für Geflüchtete aus dem Westbalkan besteht. Andere Länder haben diesbezüglich deutlich höhere Anerkennungsquoten. In der Schweiz werden 40 Prozent der Asylanträge von Geflüchteten aus dem Kosovo, in Finnland 43 Prozent stattgegeben. Frankreich hat zumindest 20 Prozent der Asylanträge von Geflüchteten aus Bosnien-Herzegowina bewilligt, Großbritannien 18 Prozent der Anträge aus Albanien. Doch in Deutschland wird Geflüchteten aus dem Westbalkan offensichtlich per se unterstellt, dass es sich bei ihnen ohne Ausnahme um »Wirtschaftsflüchtlinge« handelt.

Dem ist zweierlei entgegenzuhalten: Zum einen handelt es sich bei dem Begriff Wirtschaftsflüchtling um eine nicht haltbare Konstruktion, die so tut, als wäre soziales Elend nicht das bewusste Ergebnis politischen Handelns beziehungsweise Unterlassens und ein Effekt der politischen Ökonomie des heutigen Kapitalismus. Zum anderen lässt diese Einstufung auch noch einen wichtigen Aspekt außen vor: Unter den Geflüchteten aus dieser Region sind viele Roma und Sinti. Diese sind in ihrer Heimat oft massiven rassistischen Verfolgungen ausgesetzt, Verfolgungen, die von staatlicher Seite zumindest geduldet, wenn nicht sogar angefeuert werden. Zwar können die Westbalkanstaaten in offiziellen Papieren gute Ausführungen zum Minderheitenschutz nachweisen. Die Praxis ist jedoch eine andere. Allein eine dunklere Hautfarbe führt in diesen Ländern oft dazu, bei der Suche nach Arbeit oder einer Unterkunft oder in der Schule benachteiligt zu werden. Boris Kanzleiter, der das Büro der Rosa-Luxemburg-Stiftung in Belgrad leitet, beschreibt die Lebensbedingungen in Roma-Slums als menschenunwürdig.[60] Nichtsdestotrotz liegt die deutsche Anerkennungsquote für Roma faktisch bei null.

Armenstempel für Roma

Eine besondere Form der Diskriminierung entstand als Ergebnis einer Zusammenarbeit der deutschen Regierung mit den Regierungen von Serbien und Mazedonien. Die deutsche Seite drohte diesen Ländern mit Aufhebung der EU-Visafreiheit, falls sie nicht mehr gegen sogenannte Armutsmigration unternähmen. Gemeint war damit aber nicht etwa ein Programm gegen Armut in Serbien oder Mazedonien. Armut und Hunger sind der Bundesregierung offensichtlich egal, solange die Betroffenen in ihrer Heimat gehalten werden. Infolge dieser Drohung haben Serbien und Mazedonien sehr spezielle Gesetze verabschiedet.

Menschen, die die Grenze zur EU überschreiten und den »Verdacht auf Erschleichung von Sozialleistungen im Ausland« erregen, bekommen einen Stempel in ihren Pass. Wie gesagt, allein der Verdacht reicht aus. Goodbye, rechtsstaatliche Grundsätze. Nun darf geraten werden, nach welchen Kriterien dieser Stempel vergeben wird? Menschen, die ärmer aussehen, die nicht in die Norm passen, erwecken bekanntermaßen eher »Verdacht«. Und in einer Gesellschaft, die ohnehin feindlich gegenüber Roma eingestellt ist, werden Roma natürlich besonders Verdacht erwecken. Diese Kennzeichnung wird in der Praxis eher nach dem Prinzip des »racial profiling« vergeben. Herausgekommen ist als Ergebnis ein Armenstempel für Roma.

Und dieser staatlich geförderte Rassismus wird von der deutschen Regierung nicht etwa angeklagt, sondern wurde – erinnern wir uns – sogar von ihr selbst eingefordert. Dabei hat Deutschland eine besondere Form der Verantwortung gegenüber Angehörigen dieser Bevölkerungsgruppe. Schließlich wurden in Deutschland Roma und Sinti während der NS-Herrschaft zwangssterilisiert, interniert und zur Zwangsarbeit genötigt. Rund eine halbe Million von ihnen wurde systematisch in Konzentrationslagern oder durch Massenerschießungen ermordet. Dies geschah an allen Orten, die sich unter deutscher Herrschaft befanden, insbesondere in Südosteuropa.

Erste Schritte zur Fluchtursachenbekämpfung

Soll nicht einfach nur weiter Symptombekämpfung betrieben werden, während gleichzeitig jeden Tag mehr Menschen in die Flucht getrieben werden, dann muss die Bekämpfung von Fluchtursachen heute beginnen. Dazu bedarf es einer Vielzahl von Maßnahmen. Mit folgenden Schritten könnte die deutsche Regierung schon heute beginnen:

- ■ Firmen und Banken die Beteiligung an Land Grabbing beziehungsweise Landraub zu verbieten. Bestehende Beteiligungen (unter anderem der DEG) an Firmen und Banken, die für gewaltsame Landkonflikte verantwortlich sind, sind umgehend zu beenden.

- Den unter der Flagge der EU-Staaten fahrenden Fischerei- schiffen ist das Fischen vor den Küsten Afrikas zu untersagen.

- Waffenexporte sind sofort zu verbieten – in allen Formen (auch der Verkauf von Waffenfabriken, Waffenlizenzen, von Kleinwaffen).

- Einsatz für multilaterale Abkommen zum Verbot von Rüs- tungsexporten.

- Die Unterstützung der Rüstungslobby, zum Beispiel durch ihre Mitnahme auf Auslandsreisen der Bundesregierung und durch Hermes-Bürgschaften, muss aufhören.

- Die Militarisierung der Außenpolitik ist zu beenden. Es braucht einen Politikwechsel hin zum Primat des Zivilen.

- Seit langem lautet das offizielle Ziel, dass die reichen Länder jeweils 0,7 Prozent ihres Bruttoinlandsproduktes in die Ent- wicklungszusammenarbeit stecken, doch das reiche Deutsch- land leistet sich nur 0,4 Prozent. Eine sofortige Anhebung wäre daher nur das Mindeste. Wobei es in der Entwicklungs- zusammenarbeit nicht nur auf mehr Geld ankommt. Entschei- dend ist vielmehr, dass dieses Geld anders verwendet wird. Es sollte in den Aufbau von nachhaltiger, selbsttragender, lokaler Wirtschaft gesteckt werden.

- Anstatt in Verhandlungen mit Ländern des Westbalkans diese Staaten zu Maßnahmen wie den Armenstempel zu ermun- tern, sollten Maßnahmen zum Schutz der Roma vor rassisti- scher Verfolgung und zur Förderung der Roma ergriffen wer- den.

- Darüber hinaus ist dringend eine Neujustierung der deut- schen Handelspolitik erforderlich. Die Wirtschaftspartner- schaftsabkommen, die die lokalen Märkte in weiten Teilen Af- rikas zerstören, müssen gekündigt beziehungsweise die Verhandlungen dazu eingestellt werden.

Mit diesen Maßnahmen sollten wir schleunigst anfangen. Schon weil ihre Umsetzung dazu beiträgt, Not, Leid und Umweltzerstörung zu vermindern. Nachhaltig wird man die Fluchtursachen jedoch nur bekämpfen, wenn es ans Eingemachte, das heißt an die herrschende Wirtschaftsordnung selbst, geht. Auch mit Blick auf den Klimawandel ist es erforderlich, das Übel an der Wurzel zu packen.

Fluchtursache der Zukunft: Klimawandel[61]

Im August 2005 fegte der Hurrikan Katrina mit vernichtender Gewalt über den Südosten der USA. Infolge des Sturms verloren 1800 Menschen ihr Leben. Doch nicht nur die pure Gewalt des Hurrikans kostete in diesen Tagen in der Stadt New Orleans Menschenleben. Durch die Naturkatastrophe wurden die tiefer gelegenen Stadtteile, in denen überwiegend die Ärmeren lebten, überschwemmt. In New Orleans verbindet eine Brücke die tiefer gelegenen mit den höher gelegenen, weniger von Überschwemmung bedrohten Stadtteilen. Als nun die Menschen aus den überschwemmten Gebieten auf Suche nach Schutz diese Brücke überqueren wollten, entfachten sie die Angst der reicheren Stadtbewohner*innen. Getrieben von der Furcht, es handele sich bei den vor der Überschwemmung Fliehenden um Plünderer, stellten sich Polizei und Bürgerwehren den über die Brücke laufenden Flutopfern in den Weg und versuchten, sie mit Warnschüssen zu vertreiben. Doch in den Tumulten sollte es nicht nur bei Warnschüssen bleiben. Mehrere Menschen, die auf der Flucht vor der Überschwemmung waren, wurden getötet. Es gibt bisher für keinen der Fälle eine Verurteilung wegen Totschlags oder Mords.

Man stelle sich nun einmal vor, diese Szenen würden, dramaturgisch gut aufbereitet, in einem Film (womöglich wenige Wochen nach einer größeren Überschwemmung der Elbe) im Fernsehen laufen. Sicher würden die Zuschauer in deutschen Wohnzimmern mit den Flutopfern mitleiden. Die Empörung über die Kaltherzigkeit in den USA wäre groß. Und wahrscheinlich wären wir alle ein bisschen stolz darauf, dass wir hier in Deutschland auf Naturkatastrophen wie die großen Überschwemmungen in den Jahren 2002 und 2013 mit einem großen Wir-Gefühl und einer Welle der Solidarität und der gegenseitigen Fluthilfe reagiert haben.

Doch das, was in New Orleans nach dem Hurrikan Katrina passierte, ist vergleichbar mit dem Wesen des europäischen Außengrenzregimes. Mit einem Unterschied: In New Orleans wurden Flutopfer getötet, weil sie eine Brücke überschreiten wollten, während hier Umweltflüchtlinge ihr Leben riskieren, wenn sie die EU-Außengrenze überschreiten wollen.

Auswirkungen des Klimawandels

Inzwischen ist klar, der Klimawandel wird durch die von Menschen produzierten Emissionen hervorgerufen. Doch diese Erkenntnis wurde lange Zeit bekämpft. Ich erinnere mich noch gut an eine verkehrspolitische Debatte im Sächsischen Landtag vor über zehn Jahren. Meine Fraktion hatte die sozialen, ökonomischen und ökologischen Auswirkungen eines Autobahnneubaus evaluieren lassen. Dabei ging es mir darum, die ökologischen Auswirkungen einer auf das Auto konzentrierten Verkehrspolitik zu verdeutlichen. Der Redner der CDU machte sich nicht die Mühe, sich sachlich mit den Fakten auseinanderzusetzen, stattdessen machte er die Fragestellung lächerlich und amüsierte sich köstlich darüber, dass die »Verkehrsmädels« der PDS im Sächsischen Landtag über das »Schmelzen der Pole« reden wollten. Schenkelklatschen in den Reihen der CDU. Offensichtlich sonnte man sich in der Illusion, der Klimawandel habe nichts mit uns zu tun, wo doch die Pole so weit weg sind.

Auch wenn zum Schenkelklopfen neigende konservative Politiker alles Mögliche taten, um sich dieser Erkenntnis zu verweigern, der Klimawandel ist längst nicht mehr nur eine abstrakte Bedrohung, die irgendwann in der Zukunft liegt. Tatsache ist: Die Abgase, die wir tagtäglich produzieren, zum Beispiel dadurch, dass wir Auto fahren, sowie die Emissionen aus Industrie und Landwirtschaft befördern heute schon die Erderwärmung. Wobei der Begriff Erderwärmung auf irreführende Weise harmlos klingt. Es geht eben leider nicht darum, dass überall gleichmäßig die Temperatur steigt. Infolge der Erwärmung schmelzen in der Tat die Gletscher und Pole. Damit wird nicht nur den Inuit und ihrer Kultur die Lebensgrundlage entzogen und der Lebensraum von Eisbären zerstört, sondern auch der Anstieg des Meeresspiegels befördert. Und infolgedessen steigt zwangsläufig die Gefahr von Überschwemmungen.[62] Zudem schluckt der Anstieg des Meeresspiegels unwiderruflich Land, Land, das als landwirtschaftliche Fläche das materielle Überleben sichern sollte. So verschwindet Lebensraum dauerhaft.

Um auf dieses Problem aufmerksam zu machen, veranstaltete die Regierung der Malediven im Jahr 2009 eine Kabinettssitzung unter Wasser. Dazu zwängten sich der Präsident und alle weiteren Regierungsmitglieder in Taucheranzüge und legten Tauchermasken an. Was auf den ersten Blick wie eine witzige Aktion mit aufmerksamkeitserregenden Bildern wirkt, könnte in Zukunft bittere Realität werden. Denn sollte der Meeresspiegel weiter steigen, sind mehrere Inselstaaten des Südpazifiks in Zukunft komplett vom Untergang bedroht.

Angesichts der höheren Temperaturen nimmt zudem die Bewegung der Luftmassen zu. Dies wiederum führt zu einer Zunahme von Wirbelstürmen, Tornados und Hurrikans. Die gestiegene Dynamik der Luftmassen befördert zudem Extremniederschläge, die wiederum Ernten gefährden können oder Flüsse zum Übertreten bringen. Extremniederschläge und die Versauerung des Regens verschlechtern wiederum die Qualität der Böden. Andernorts hingegen führt die Erderwärmung dazu, dass Niederschläge komplett ausbleiben. Infolgedessen wird in einigen Regionen die Landwirtschaft zerstört. Wüsten breiten sich aus. Kurzum: Erderwärmung bedeutet leider nicht mehr Sonnenschein für alle. Vielmehr nehmen infolge der gestiegenen Temperaturen die Extremwetterlagen zu. So gesehen sollten wir eher über Klimakollaps statt über Klimawandel reden.

Die Folgen des Klimakollapses treffen die armen Länder im globalen Süden mit besonderer Härte. Und das, obwohl vor allem die reichen Industrieländer ihn verursacht haben. Der Bericht des Klimarats der Vereinten Nationen enthält diesbezüglich erschreckende Prognosen: »Die allergrößten Risiken tragen arme und sozial benachteiligte Gruppen. In ärmeren Gesellschaften kann dies den Verlust des Lebens bedeuten oder starke Beeinträchtigungen der Gesundheit. (...) Das Risiko von zusätzlichen Migrationsbewegungen und gewaltsamen Konflikten würde zunehmen.«[63] In einem seiner früheren Berichte befasste sich der Klimarat mit den zu befürchtenden Auswirkungen auf Afrika und kam zu dem Fazit: »Afrika gehört zu den ersten Verlierern des Klimawandels. In den kommenden 13 Jahren werden zusätzliche 75 bis 250 Millionen Menschen unter Wassermangel leiden.«[64]

Der Teilnehmer einer Konferenz zu den sozialen Dimensionen des Klimawandels[65] schilderte die Situation wie folgt: »Wenn unsere Heimat infolge der Klimakatastrophe zu einem Backofen wird, glaubt ihr wirklich, dass wir dann im Backofen sitzen bleiben und warten, bis wir verbrennen beziehungsweise verdursten?«

Der Klimakollaps äußert sich nicht nur in Form von Überschwemmungen und akutem Wassermangel andernorts. In vielen Regionen zerstören die Extremwetterlagen die Lebensgrundlagen. Beispielhaft dafür sind die Schilderungen des Flüchtlings Bonheur, der aus dem Südwesten Kameruns kommt: »In meiner Kindheit konnte man die Regenzeit auf den Tag genau voraussagen. Doch in meiner Jugend erinnere ich mich an Jahre ohne Regenzeit. In der Trockenzeit verbrannte die Sonne die Setzlinge, der Boden wurde immer unfruchtbarer. (…) Wenn der Regen endlich kam, spülte er all unsere mühsam erhaltenen Jungpflanzen weg, oder die Bäume wurden durch Schimmelkrankheiten zerstört.«[66] Bonheur aus Kamerun stammt ursprünglich aus einer Akademikerfamilie. Doch infolge der Krise verloren seine Eltern ihre Arbeit an der Universität. Um sich einen neuen Lebensunterhalt zu verschaffen, beschlossen sie, wie ihre Vorfahren eine Kakaoplantage zu bewirtschaften. Eine Weile kamen sie damit halbwegs über die Runden. Doch die zunehmenden Extremwetterlagen zogen ihnen zusehends den Boden unter den Füßen weg.

Zusammenspiel von Verwundbarkeit und Klimaveränderung

Gemäß deutschem Recht würde Bonheur kein Asyl gewährt bekommen und nicht als Flüchtling anerkannt werden. Der konservativen Deutung zufolge gilt er schlichtweg als »Wirtschaftsflüchtling«. Mal davon abgesehen, dass es zynisch ist, angesichts des Elends von Wirtschaftsflüchtlingen zu reden, ist die genaue Abgrenzung zwischen Klimaflüchtlingen und sogenannten Wirtschaftsflüchtlingen oft schlichtweg unmöglich. Diese fehlende Trennschärfe ist dem Umstand geschuldet, dass die Flucht nach Europa infolge des Klimawandels sich nur selten monokausal erklären lässt. Die wenigsten verlassen ihre Heimat allein wegen einer Überschwemmung oder einer Dürreperiode. Oft spielen verschiedene Faktoren zusammen. Migration findet schließlich im Zusammenhang mit den gesellschaftlichen Verhältnissen statt. Wobei wir davon ausgehen können, dass Menschengruppen, die bereits in prekären, unsicheren Verhältnissen leben, von Klimakollaps, Naturkatastrophen und Umweltverschmutzung besonders betroffen sind. Die Veränderung des Klimas beziehungsweise der Umwelt verstärkt die bereits existierende Verletzlichkeit beziehungsweise die bereits existierende Marginalisierung von Menschen noch einmal.

Gäbe es in der Heimat von Bonheur beispielsweise noch viele andere Berufsoptionen jenseits der Landwirtschaft, hätte sich seine Familie wohl auch eine andere Existenz aufbauen können, nachdem die zunehmenden Extremwetterlagen den Kakaoanbau unmöglich machten. Hier zeigt sich: Verwundbarkeiten, die bereits vorher bestanden haben, offenbaren sich infolge möglicher Umweltveränderungen mit besonderer Härte.[67] Wenn Extremwetterlagen auf extreme Armut treffen sind die Auswirkungen für die Menschen besonders verheerend. Es ist oft die Kombination aus Umweltzerstörung und dem eklatanten Mangel an demokratischen und sozialen Rechten, die Menschen in die Flucht treibt.

Auch wenn Naturkatastrophen erst einmal keinen Unterschied machen zwischen Millionären und Armen, profitieren doch Arm und Reich unterschiedlich von Katastrophenschutz und Wiederaufbau. Wenn in Kalifornien eine Fertighaussiedlung der gehobenen Mittelschicht durch Waldbrände zerstört wird, ist das für die Betroffenen natürlich schlimm. In der Regel bekommen sie dann Hotelgutscheine bis zur Wiederherstellung ihres Hauses. Wird dagegen eine Favela, also eine Armensiedlung, von einem Erdrutsch begraben, dürfen die Bewohner*innen, die sich natürlich keine Versicherung leisten können, sicherlich nicht auf Hotelgutscheine hoffen.

Eine Stimme, die gehört gehört

Aus der Perspektive einer Verantwortungsethik liegt es auf der Hand: Die reicheren Staaten haben einen Großteil der Emissionen, die den Klimakollaps verursachen, verschuldet. Dessen Folgen wiederum zerstören vor allem in den ärmeren Ländern die Lebensgrundlage von vielen. Vor dem Hintergrund dieser Verantwortung ist es also nicht zu rechtfertigen, Klimaflüchtlinge schlichtweg abzuweisen. Doch in der internationalen Rechtsprechung[68] gibt es bisher keine Anerkennung von Umweltflüchtlingen. Sie sind somit vielfacher Gewalt ausgesetzt. Erst schlagen die Naturgewalten zu, während der Flucht sind sie nur zu oft Freiwild, und sollte ihnen die Ankunft in einem der reicheren Industrieländer gelingen, schlägt dort die Rechtsgewalt zu. Hier zeigt sich eine »Diskrepanz zwischen Schutzbedürftigkeit und Schutzangebot«.[69]

Am Beispiel der Umweltflüchtlinge wird auch ein grundlegendes demokratisches Defizit der aktuellen Staatenordnung deutlich: Die besonders Betroffenen haben keinerlei Mitspracherecht. Wird in deutschen Kommunen der Flächennutzungsplan geändert, sieht das Gesetz die Beteiligung aller Anwohnerinnen und Anwohner vor. Schließlich sollen alle, die potentiell davon betroffen sein könnten, ihre Einwände formulieren dürfen. Dazu liegt die geplante Änderung einige Zeit in den Ortsämtern aus. Diese Beteiligungsmöglichkeit wird zwar in der Regel nur dann breit genutzt, wenn es einen politisierten Konflikt und eine aktive Bürgerinitiative vor Ort gibt. Aber immerhin ist das ein demokratisches Instrument und eine Möglichkeit zur Beteiligung in der Kommunalpolitik.

Menschen hingegen, deren Heimat von Umwelt- und Klimaveränderungen negativ beeinflusst wird, ja, deren Lebensgrundlage womöglich sogar dadurch zerstört wird, haben allerdings keinerlei (Mitsprache-)Rechte. Sie haben weder Mitspracherechte, wenn es um Abgasnormen für die Industrie geht, noch genießen sie nach einer überstandenen Flucht in Europa Rechte. So sie keine direkte politische Verfolgung nachweisen können, droht vielmehr die umgehende Abschiebung. Doch anstatt diesen Menschen jegliche Perspektive zu verweigern, sollten die reichen Industrienationen lieber genau hinhören.

Die Geschichten der Umweltflüchtlinge verdichten sich in einer Stimme, die gehört werden muss. So verschieden ihre Fluchtgeschichten auch sind, die Umweltflüchtlinge sind alle (bewusst oder unbewusst) Überbringer einer Botschaft: Wenn wir nicht grundlegend umsteuern, wenn die Umweltzerstörung so weiterläuft, wird auch unsere Lebensgrundlage nach und nach zerstört. Und die Extremwetterlagen, deren Folgen Menschen in die Flucht treiben, werden nicht von alleine abnehmen. Im Gegenteil, es steht zu befürchten, dass sie im Zuge von steigenden Emissionen und damit steigenden Temperaturen noch häufiger auftreten. Bis jetzt ist der reichere Teil der Welt, der globale Norden, verhältnismäßig glimpflich davongekommen. Doch es gibt keine Garantie für ihn, dass das so bleibt. Schließlich häufen sich inzwischen auch in Europa und den USA die zerstörerischen Naturkatastrophen. Und sogenannte Jahrhunderthochwasser treten mittlerweile im Zehn-Jahres-Rhythmus auf. Der aktuelle Bericht des UN-Klimarats prognostiziert zudem eine deutliche Gefährdung für Europa durch den Klimawandel. So werden in Europa »die ökonomischen Schäden und die Zahl der betroffenen Menschen durch Hochwasser an Flüssen und Küsten zunehmen«. Zudem steht auch in Europa zu befürchten, dass »Hitzewellen künftig zu größeren gesundheitlichen Problemen und erhöhter Sterblichkeit führen«.[70]

Die Umweltfrage führt uns ergo in aller Dringlichkeit, ja, in aller Brutalität vor Augen, dass wir, die wir auf diesem Planeten leben, eine grenzübergreifende »Schicksalsgemeinschaft«[71] sind. Das Gebot der Stunde lautet also Umweltschutz und Klimagerechtigkeit. Das ist nicht nur eine ökologische Frage, sondern auch eine Frage sozialer und globaler Gerechtigkeit.

Doch ungeachtet dessen schreiten der Ressourcenverbrauch und die Produktion von Emissionen fort. Die OECD (Organisation for Economic Co-operation and Development) prognostiziert deshalb bis 2050 weltweit eine Zunahme der CO_2-Emissionen um 70 Prozent. Die globale Klimapolitik scheitert seit Jahren an dem Ziel einer effektiven Verringerung des CO_2-Ausstoßes, weil mächtige Konzerninteressen dem entgegenstehen und kein Land bereit ist, einseitig Schritte zu gehen – und so Nachteile in der globalen Konkurrenz in Kauf zu nehmen. Wenn es um Patente und die Privatisierung von Wissen geht, legt die Wirtschaft ja bekanntlich großen Wert auf Urheberrechte. Wenn es jedoch um Umweltzerstörung geht, will die Wirtschaft nichts von Urheberpflichten wissen. Man stelle sich nur einmal vor, alle Konzerne wären verpflichtet, für die von ihren Emissionen verursachten Umweltschäden aufzukommen. Wenn alle »externen Kosten« von ihren Verursachern übernommen werden müssten: Wir können nur ahnen, wie schnell dann in umweltfreundlichere Produktion investiert werden würde.

Doch die Erfahrungen der letzten Jahrzehnte zeigen: Nur in großen Weltwirtschaftskrisen konnten Ressourcenverbrauch und Emissionen deutlich gesenkt werden. Auch der Traum von einem »grünen Kapitalismus« durch neue, ressourceneffiziente Technologien ist demnach kein Ausweg aus der Mehrfachkrise des kapitalistischen Wachstums. Denn die Einspareffekte bei Ressourcenverbrauch und Emissionen würden umgehend durch steigenden Konsum und weiteres Wirtschaftswachstum wieder zunichte gemacht.

Die kanadische Globalisierungskritikerin und Schriftstellerin Naomi Klein hat es insofern in ihrem Buch *Die Entscheidung – Kapitalismus vs. Klima* (2015) auf den Punkt gebracht: Kapitalismus oder Klima – wir müssen uns entscheiden.

Fluchtursache mit System: Der Krisenkapitalismus und die Notwendigkeit einer demokratischen Exitstrategie

Die aktuelle Nachrichtenlage ist bestimmt von Berichten über Krisen und Gefahren: Eurokrise, Flüchtlingskrise[72], Klimakrise sowie Kriegsgefahr und Terrorgefahr. Diese verschiedenen Krisen beziehungsweise Gefahren sind miteinander verwoben und bedingen einander. Sie sind auch Ergebnis einer neoliberalen und imperialen Politik: etwa des Kaputtsparens, der Standortkonkurrenz, der Rüstungsexporte, der Verteilung des Reichtums. All dies sind wichtige Ursachen, und deswegen ist ein grundlegender Politikwechsel in diesen Politikfeldern von zentraler Bedeutung. Allein: Dass dieser Politikwechsel nicht eintritt, obwohl er so notwendig wäre, hat mit einem grundsätzlichen Problem zu tun: der Sackgasse des Krisenkapitalismus.

Kapitalistisches Wirtschaftswachstum funktionierte bisher stets über die Ausdehnung der Warenproduktion und die Einbindung immer neuer Arbeitskräfte im Zuge weiterer Akkumulationsschübe. Das aber bedeutet: Eine strukturelle Grenze des Kapitalismus ist in dem Moment erreicht, wo diese Ausdehnung an Grenzen stößt. Sei es aufgrund von Umwelt- und Klimazerstörung an die Grenze des Planeten. Oder weil durch technische Innovationen mehr lebendige Arbeit freigesetzt wird, als im nächsten Akkumulationsschub gebraucht werden kann. Und genau dieses Szenario ist auch infolge der Digitalisierung zu beobachten. Durch Einführung der neuen Technologien aus der mikroelektronischen Revolution wurden – wie der Journalist Gerd Bedszent schreibt –»zusammengenommen mehr Arbeitsplätze in öffentlichen Apparaten und in der Verwaltungsstruktur kapitalistischer Unternehmen wegrationalisiert, als zuvor durch die neuen Industriezweige geschaffen«.[73]

Der technische Fortschritt, die Freisetzung von Arbeitszeit könnten eine positive Entwicklung sein und mehr Zeitwohlstand für alle bedeuten. Schließlich braucht es weniger Arbeitszeit, um die notwendigen Güter zu produzieren. Doch in einer Gesellschaft, in der jemand nur etwas gilt, wenn er oder sie einen Vollzeitjob hat, und die allein auf Profit ausgerichtet ist, kommt der Fortschritt nicht den vielen zugute. Vielmehr führt die Zunahme an Produktivität zu einem schärferen Konkurrenzdruck – auch auf dem Weltmarkt. Dies setzt auch im Inland immer mehr Menschen als vermeintlich »überflüssig« frei beziehungsweise bedroht sie damit. Zudem scheitern Versuche der nachholenden Modernisierung in vielen Entwicklungsländern. Diese Länder werden zunehmend als »failed states«, als gescheiterte Staaten, aus dem Weltmarkt ausgeschlossen oder nur noch sehr selektiv (zum Beispiel im Hinblick auf die Rohstoffausbeutung) einbezogen. Diese Entwicklung wird sich – falls sich am neoliberalen Politikmodell nichts ändert – noch verschärfen, da die nächste Rationalisierungswelle (Stichwort »Industrie 4.0«) als Beschleuniger wirken wird. Für viele Menschen auch hierzulande heißt das konkret eine radikale Umgestaltung der Berufslandschaft, erhöhte Zumutbarkeiten, Ausweitung des Niedriglohnsektors sowie zunehmende Prekarisierung, also wachsende Unsicherheiten. Anderswo sind die Folgen dieser strukturellen Krise des kapitalistischen Wachstumsmodells noch katastrophaler, wie Staatszerfall und Fluchtbewegungen bereits zeigen.

Diese langfristig verhängnisvolle Dynamik zeigt sich auch am Beispiel Syrien: Die hohe Jugenderwerbslosigkeit und die soziale Unsicherheit führten 2011 zu Protesten. Das Regime Assad entschied sich, darauf mit besonderer Härte und Repressionen zu reagieren. Die Eskalation der Konflikte wurde durch die geostrategische Einflussnahme rivalisierender Groß- und Mittelmächte befeuert.[74] Ähnliche Bedingungsfaktoren wie soziale Schieflagen, Auswirkungen des Klimawandels und geostrategische Einflussnahme von anderen Mächten lassen sich in Bezug auf viele andere Konfliktherde finden. So steht sowohl der katastrophale Niedergang des subsaharischen Afrika, wie der steile Abstieg der arabischen Welt damit in engem Zusammenhang. Das zeigt: Die zahlreichen Krisen, die uns aus den Medien entgegenspringen, sind keine Zufälle – sie haben System.

Den Zusammenbruch des Kapitalismus kann man sich davon allerdings nicht versprechen. Der US-amerikanische Ökonom und Historiker Moishe Postone prognostiziert als Entwicklungsmöglichkeit, dass es eher zur verstärkten Herausbildung autoritärer Staaten kommt, »in denen eine große Anzahl der Menschen überflüssig geworden ist und mit autoritär-repressiven Maßnahmen in Schach gehalten wird«.[75] Ein »unschönes Szenario« meint Postone, aber so könne der Kapitalismus überleben.

Was das jedoch für die Demokratie auch in Europa bedeutet und wie das konkret aussehen kann, das hat die schamlose Erpressung der Syriza-Regierung in Griechenland durch die Technokrat*innen aus Berlin und Brüssel erst jüngst und in aller Öffentlichkeit demonstriert.

Um was es daher geht, ist nicht weniger als eine grundlegende Transformation der Art und Weise, wie wir produzieren, leben und arbeiten. Das ist die Herausforderung. Eine Herausforderung, die über die Probleme in einzelnen Politikfeldern weit hinausgeht. Denn der Bestand unserer Demokratie und der universellen Menschenrechte ist bedroht, wenn wir nur verwalten wollen, anstatt zu verändern. Wir erleben gerade einen Epochenumbruch, der vielleicht dem des Zeitalters der Französischen Revolution vergleichbar ist. Das skizziert den Umfang der Aufgabe, vor der wir stehen, wenn es heißt, Fluchtursachen zu bekämpfen.

Fundamentalistischer Terror und rassistische Gewalt – feindliche Brüder

»Dass man sich eher das Ende der Welt als das Ende des Kapitalismus vorstellen kann«, wie der Kulturtheoretiker Mark Fisher einmal die Hoffnungslosigkeit im neoliberalen Kapitalismus auf den Punkt gebracht hat, scheint spätestens seit dem Vormarsch des »Islamischen Staats« und dem Aufkommen der rassistischen Pegida-Bewegung eine passende Beschreibung der gesellschaftlichen Stimmung zu sein. Überall auf der Welt – und quer zu allen »Kulturen«, von christlich-evangelikal über russisch-orthodox bis hin zu islamistischen Kreisen – ist ein Anwachsen reaktionärer Bewegungen zu beobachten, die im Namen von Kultur und Religion in die Schlacht gegen die jeweils »Anderen«

ziehen wollen. Teilweise gehen sie mit terroristischen Mitteln vor, immer aber weisen sie ein wachsendes gesellschaftliches Umfeld auf.

Der christlich-fundamentalistische Terror des extrem rechten Anders Breivik und der islamisch-fundamentalistische Terror von Paris und Kopenhagen ähneln einander wie feindliche Brüder. Die grausamen Anschläge zum Beispiel in Paris und die Brandanschläge auf Flüchtlingsunterkünfte, kurzum Rassismus und religiöser Fundamentalismus, bedingen einander. Beide basieren auf der Verachtung von Menschenleben, beide missachten die Werte von Demokratie und Menschenwürde, und beide verstärken sich gegenseitig. In einem verschärften gesellschaftlichen Klima fällt es Fundamentalisten leichter, neue Kämpfer zu gewinnen. Wo jedoch Weltoffenheit und Menschlichkeit dominieren, hat es auch die fundamentalistische Propaganda deutlich schwerer. Oder wie es der arabische Demokratie-Aktivist Lyad El-Baghdadi in einem Tweet auf den Punkt brachte: »You know what pissed off Islamist extremists the most about Europe? It was watching their very humane, moral response to the refugee crisis.«

Was die Extremisten also am meisten genervt hat an Europa, war die menschliche und moralische Reaktion vieler Menschen an den Bahnhöfen auf die Flüchtlingskrise im Sommer 2015.[76]

Auch der Franzose Nicolas Hénin teilt diese Einschätzung. Hénin wurde zehn Monate lang vom IS als Geisel gehalten, in dieser Zeit konnte er die Denkweise der IS-Mitglieder beobachten. Er berichtet davon, dass die Fundamentalisten obsessiv die Nachrichten verfolgen, doch diese anders interpretieren als wir.[77] Seiner Einschätzung zufolge haben gerade die Bilder von Deutschen, die Migranten am Bahnhof begrüßten, sie besonders gestört. Grenzübergreifenden Zusammenhalt und Toleranz – das wollen sie gerade nicht sehen. Sein Fazit lautet: Sie fürchten unsere Einheit mehr als unsere Bombenangriffe.

Also stellen wir uns der Tatsache: Fundamentalistischer Terror und rassistische Mobilisierung schaukeln sich gegenseitig hoch. Wenn infolge von Terroranschlägen der Islam-Hass wächst und Muslime noch mehr Abwehr erleben, haben es Terrorbanden leichter, neue Mitstreiter für ihren Kampf zu finden. Auch Terror und Militarisierung verstärken sich gegenseitig. Die militärische Mobilmachung von Nato-Staaten in Reaktion auf Terroranschläge ist in den perfiden Rekrutierungsplänen der Terrorbanden eingeplant. Wo Bomben fallen, sterben schließlich immer auch Unschuldige. Und wer einen geliebten Menschen durch westliche Bomben verloren hat, ist womöglich eher ansprechbar für die antiwestliche Propaganda des IS. Wir befinden uns also mitten in einer Eskalationsspirale aus fundamentalistischem Terror, militärischer Mobilmachung und rassistischer Mobilisierung. Diese Spirale droht die Grundprinzipien der Demokratie zu zersetzen.

Die Spirale der Traurigkeit durchbrechen

Wenn wir nicht über eine soziale Perspektive für alle reden, werden wir die nächsten Jahre stattdessen umso mehr mit rassistischen Ängsten ums Abendland und religiösem Fundamentalismus zu tun haben. Die Überreste demokratischer, ja zivilisatorischer Errungenschaften würden dann in einem Konflikt zwischen konkurrierenden Wahnsystemen zerrieben. Der dystopische Roman *Unterwerfung* von Michel Houellebecq spielt einmal fiktional durch, wohin ein solcher Konflikt führen kann. Denn in diesem Kulturkampf geht es um »das größte aller rechten Projekte: die Vernichtung von Neugier, Interesse und Zweifel«.[78] So gesehen ist es tatsächlich eine Schicksalsfrage für die Demokratie: Die Spirale der Traurigkeit zu durchbrechen ist das Einfache, das so schwer zu machen ist. Dazu brauchen wir eine umfassende Exitstrategie aus dem Krisenkapitalismus.

Dafür gibt es bereits eine ganze Reihe von Ansätzen und auch eine Menge Menschen, die sich engagieren und die Mut machen. Die Demonstrationen gegen den Rassismus von Pegida (und all den verwandten -gida-Märschen), die deutlichen Zeichen von Muslimen gegen Terror sowie die riesige gemeinsame Demonstration in Paris nach den Anschlägen im Januar 2015 haben deutlich gemacht: Die Mehrheit der Menschen will sich nicht selbst in ein hochtechnisiertes Mittelalter zurückkatapultieren. Aber klar ist auch, dass es gilt, jetzt aktiv zu werden.

Zumal die »Terrordividende«, wie die Auswirkung von Attentaten wie denen in Paris zynisch genannt wird, ausgerechnet jenen rechtspopulistischen Parteien und Bewegungen zugutekommt, die an einer weiteren Eskalation des Kulturkampfs arbeiten. Der Backlash, also der Rückschritt im Namen von Kultur und Religion, ist ein schmerzhaftes Symptom einer Modernisierungskrise. Die fundamentale Umwandlung der Weltordnung nimmt viele Menschen einfach nicht mit. Als Identitätsrettung bieten sich dafür – wie Georg Seeßlen schreibt – zwei Konstrukte an, »die objektiv so überflüssig werden, wie sich so manche Menschen subjektiv fühlen: Nationalismus und religiöser Fundamentalismus. Beides verlangt Menschenopfer, Blutbäder, Terrorakte, das Unbewohnbar-machen immer weiterer Zonen der Welt.«[79]

Die Anschläge von Paris im November 2015 haben das noch einmal deutlich gemacht. Die identifizierten Attentäter sind junge Franzosen zwischen 20 und 31 Jahren mit arabischem Migrationshintergrund, die in den Vororten von Paris und Brüssel aufwuchsen und lebten. Sie hielten sich mit Gelegenheitsjobs über Wasser oder waren erwerbslos. Mindestens einer war bereits durch Kleinkriminalität aufgefallen. Mehrere hatten mit ihren Familien gebrochen.

Das bedeutet sozialpsychologisch, wie Caroline Fetscher treffend beschreibt: Das »Gros der jungen Männer, die solche Attentate begehen, zeichnet sich durch einen Mangel an gesellschaftlichem Status aus, einen Mangel an Ich-Stärke, an Souveränität, an Bildung und an Distanzvermögen. Intrapsychisch sind die Pendants dazu am Werk, ein quälender Überschuss an Abwertung, Ich-Schwäche, Reizüberflutung, Desorientiertheit. Negative, innere Instanzen senden die Signale: Du bist wenig wert, wirst nicht gewollt, kannst und weißt nichts.«[80]

Selbstverständlich ist das keine Rechtfertigung für den Terror, dafür kann es keine Rechtfertigung und keine mildernden Umstände geben. Aber das Wissen um die Entstehungsbedingungen des Terrors könnte ein Ansatz für eine erfolgreiche Gegenstrategie sein. Schließlich stellt selbst die konservative *Neue Zürcher Zeitung* fest:»Immer mehr verdichtet sich der Verdacht, dass die in der Vorstadt herrschenden Lebensumstände die Radikalisierung junger Leute begünstigen – bis zu dem Punkt, an dem sie ihrer eigenen Gesellschaft, dem eigenen Land den Krieg erklären.«[81]

Klar ist zugleich auch: Fundamentalistischer Terror und rassistische Gewalttaten sind nur die Spitze des Eisbergs. Schon seit einiger Zeit ist in unserer Gesellschaft insgesamt ein schleichender Legitimationsverlust zentraler Werte der Aufklärung festzustellen. Dieser Legitimitätsverlust verweist letztlich auf die»multiple Krise« des neoliberalen Gesellschaftsmodells, das beständig Menschen ausschließt.[82] Die aktuellen Zuspitzungen der gesellschaftlichen Verhältnisse sind also insgesamt ein Krisensymptom des neoliberalen Kapitalismus. Denn ein selbsttragender Wirtschaftskreislauf fehlt, stattdessen dominieren kurzfristige Profitinteressen, Klimakatastrophe, Prekarisierung, geopolitische Konflikte, postdemokratische Verhärtung von Staatlichkeit sowie Transnationalisierung von Wertschöpfungsketten. Damit verbunden ist, dass die Schere zwischen Arm und Reich innerhalb der Länder sowie zwischen Ländern und Regionen zunehmend auseinanderklafft. Dies wiederum führt grenzübergreifend zu Verteilungskonflikten, einem Anwachsen reaktionärer Bewegungen und gesellschaftlicher Polarisierung.

Auch wenn man sich weithin daran gewöhnt hat, dass die Bekämpfung von Terror und Gewalt nur im markigen Vokabular des Militärs verhandelt wird, ist der Bankrott dieses Kampfes inzwischen doch zugleich überall überdeutlich. Über 15 Jahre Krieg gegen den Terror und unsere Welt ist nirgendwo sicherer geworden – im Gegenteil. Wir glauben, ja, wir wissen dagegen, dass man etwas tun kann. Und wir haben die Verantwortung, es jetzt zu tun.

Für eine umfassende Exitstrategie

Also, was tun? So wie das widersprüchliche Projekt der Aufklärung in seiner Durchsetzung auf verschiedenen sozialen Prozessen beruht hat, so ist auch seiner Krise nur mit einem umfassenden Ansatz beizukommen. Das heißt: Sowohl auf politökonomischer wie kultureller Ebene braucht es einen neuen Politikansatz, wenn wir den Herausforderungen der Moderne fortschrittlich und reflektiert begegnen wollen. Mit anderen Worten: Der Legitimationskrise der universellen Werte der Demokratie ist nur mit einem sozialen Universalismus in Wort und Tat beizukommen. Soll heißen, dass alle die tatsächliche Möglichkeit haben, ihr Leben selbst zu gestalten. Dieser Universalismus muss die materiellen Grundlagen dafür legen, dass die vielbeschworenen demokratischen Werte auch tatsächlich gelebt werden können.

Unter den Bedingungen eines hoffnungslosen Neoliberalismus mag sich das zunächst utopisch anhören. Aber es gibt ein Beispiel in der Geschichte der bürgerlichen Gesellschaft, dass dies funktionieren kann. Gerne gerät in Vergessenheit, dass Franklin D. Roosevelts »New Deal« nicht nur wirtschafts- und sozialpolitisch motiviert war. Das damit einhergehende Investitionsprogramm sollte vielmehr auch praktisch untermauern, dass die US-amerikanische Demokratie gegenüber dem Faschismus überlegen ist.

Heute einen entsprechenden New Deal, einen neuen Gesellschaftsvertrag durchzusetzen wäre natürlich eine langfristige Aufgabe. Es gibt aber genug, was schon jetzt getan werden kann, um die Brutalisierung der Gesellschaft zu stoppen. Doch dafür braucht es auf mehreren Ebenen zunächst ein Umdenken. Nötig sind mindestens eine ehrliche Analyse des Problems und eine konsequente Umsetzung der richtigen Maßnahmen in verschiedenen Politikfeldern. Das wird nicht einfach, schließlich stehen hinter der verfehlten Politik der letzten Jahre starke Interessen und eingeschliffene Gewohnheiten. Aber es lohnt sich. Schließlich ist die Alternative dazu, wie die letzten Jahre gezeigt haben, ein schleichender Abschied von der Demokratie. Und sie, die Demokratie, sollte es uns wert sein, schlechte Gewohnheiten und eingefahrene Politikmuster zu überwinden. Ja, sie sollte es uns wert sein, uns neu zu erfinden.

Die umfassende Exitstrategie, die ich vorschlage, ist insofern eine, die ganz bescheiden auf einen demokratischen Ausweg aus der Eskalationsspirale der Kulturkämpfer und des Krisenkapitalismus zielt. So viel grundsätzliche Veränderung dies auch verlangt – revolutionär oder gar extremistisch ist daran nichts, im Gegenteil.

Um es mit den Worten des Journalisten Tomasz Konicz zu sagen: Als Extremisten müssten heute vielmehr »diejenigen Apologeten kapitalistischer Herrschaft bezeichnet werden, die dieses zu einem Schlachthaus der Menschheit mutierende System immer noch als alternativlos und als die beste aller möglichen Welten bezeichnen. Die Suche nach einer Systemalternative stellt hingegen das einzig Vernünftige, Mittlere, Gemäßigte dar: Es ist ein Unterfangen, dem sich ein jeder Spießer zu verschreiben hätte, der sich Sorgen um die Zukunft seiner Kinder macht – und der erkannt hat, dass deren Abrichtung zu Mobbingmaschinen, wie sie jetzt in der Mittelklasse gang und gäbe ist, ihnen keine lebenswerten Zukunftsperspektiven eröffnen wird.«[83]

2 Die Reaktionen der Herrschenden

Von solchen grundsätzlichen Einsichten sind die Regierungen und die Vorstände der global Player jedoch – wie leider zu erwarten war – weit entfernt. Die Reaktionen der Bundesregierung lesen sich vielmehr wie ein Handbuch mit dem Titel: Was jetzt unbedingt zu vermeiden ist.

Von wegen Überfüllung – Noch nicht mal zwei auf hundert

So wird aktuell von Politiker*innen verschiedenster Cou leur – vom Konservativen Thomas de Maizière bis hin zum grünen Oberbürgermeister von Tübingen, Boris Palmer – der Eindruck vermittelt, Deutschland sei überfordert. In so mancher Aussage schwingt mit, das Boot sei voll. Solche Äußerungen sind gleichermaßen falsch wie gefährlich. Sie sind gefährlich, weil sie Ängste schüren, die Rassist*innen in die Hände spielen.

Wir wissen aus der Beobachtung verschiedener Umfragen Folgendes: Welche Probleme, welche Ängste Menschen als besonders wichtig ansehen, basiert selten allein auf einer nüchternen Analyse der Fakten. Die Einschätzungen und Empfindungen werden stark beeinflusst durch die Nachrichtenlage und durch öffentliche Thematisierungen in Massenmedien sowie in den sozialen Netzwerken.

Um es einmal an einem anderen Beispiel zu verdeutlichen: Als im Frühling 2015 im Wochentakt die Medien von Verhandlungen auf EU-Ebene zu Griechenland berichteten, wurde dieses Thema in Umfragen als besonders wichtig für die Politik eingestuft. Nur einige Monate später, die brisante wirtschaftliche Situation ist keineswegs gelöst, dominieren andere Bilder. Statt griechischer Politiker ohne Krawatte flimmern nun vor allem Bilder von Flüchtenden über die Bildschirme. Und plötzlich schnellt dieses Thema auf Platz eins der wichtigen Themen, und die Krise in der EU rutscht auf deutlich unter 10 Prozent hinter die Abgasmanipulation eines deutschen Autokonzerns. Dieses kleine Beispiel soll verdeutlichen: Was die Menschen als Gefahr und Bedrohung empfinden, den Krieg in der Ukraine, die Krise des Euros oder jetzt die angebliche Krise der Flüchtlingspolitik, hängt sehr stark davon ab, welche Themen die Medien aufgreifen. Wie mit einem Brennglas neigen sie – je nach Themenkonjunktur – dazu, Probleme zu vergrößern oder aber auch reale Probleme aus dem Fokus der Öffentlichkeit zu nehmen.

Der Satz vom vollen Boot kann zudem auch von den Zahlen her nicht belegt werden. Sicher, die Verantwortlichen in den Kommunen, die in kürzester Zeit neue Unterkünfte auftreiben sollen, sowie die Ehrenamtlichen, die ebenso schnell eine Infrastruktur aufbauen müssen, standen und stehen vor logistischen Herausforderungen. Ganz zu schweigen von den vielen ehrenamtlichen Solidaritätsinitiativen wie »Moabit hilft!«. Und doch täuscht der Eindruck, wir müssten in Deutschland von einer Überfüllung ausgehen. Bisher gibt es keine belastbare Prognose, die von mehr als ein bis zwei Millionen Flüchtlingen ausgeht. Warum sollten wir eine solche Zahl als Bedrohung wahrnehmen? Wurde nicht früher (also noch vor wenigen Jahren) eher ein Rückgang der Bevölkerung beklagt? Als von 2005 bis 2011 die Bevölkerungszahl der Bundesrepublik um etwa zwei Millionen

Einwohner*innen sank, hat das niemand bejubelt. Also selbst bei einer erheblich erhöhten Anzahl von Asylsuchenden würde der damit verbundene Bevölkerungszuwachs noch nicht einmal dazu führen, dass die Einwohnerzahl der Bundesrepublik aus dem Jahr 2011 wieder erreicht würde. Von einer zahlenmäßigen »Überforderung« kann also keine Rede sein.[1]

Noch absurder ist der Eindruck, wir würden hier die ganze Welt aufnehmen. Zwar hat die großartige Satiresendung *Die Anstalt* am 20. Oktober 2015 den unwahrscheinlichen Fall durchgerechnet, was herauskäme, wenn alle 60 Millionen Menschen, die sich gegenwärtig auf der Flucht befinden, nach Deutschland kämen. Ihr Fazit: Dann wäre unsere Bevölkerungsdichte immer noch nicht höher als die der Niederlande.[2] Jenseits der Satire, die zuspitzen darf, ja muss, sieht die Realität aber ohnehin anders aus. Der UNHCR, das Flüchtlingshilfswerk der Vereinten Nationen, veröffentlicht in seinem Jahresbericht jeweils die Liste der wichtigsten Aufnahmeländer. Auf den vorderen Plätzen finden sich neben der Türkei Länder wie Pakistan, Libanon, Iran und Äthiopien. Die reicheren EU-Länder befinden sich auffällig weit hinten auf dieser Liste. Ganz zu schweigen von den USA. Im Libanon kamen 2014 auf hundert Einwohner*innen circa 23 Flüchtlinge. In Jordanien, einem Land mit realem Wassermangel, beträgt das Verhältnis rund neun zu hundert.

Im September 2015 – in Deutschland überschlägt sich gerade wieder einmal die CSU mit Schaum vor dem Mund mit Wir-können-doch-nicht-jeden-reinlassen-Parolen – treffe ich in Wien einen Aktivisten aus dem Libanon. Er erzählt mir, dass in seinem Land das Verhältnis von Flüchtling zu Einwohner circa eins zu vier ist. Ich will ansetzen, um ihm von der Diskussion in Deutschland zu erzählen, und gerate ins Stocken. Wenn bei uns auf 80 Millionen Einwohner*innen circa 800 000 Geflüchtete kommen, wird schon die vermeintliche Krise ausgerufen. Aber selbst wenn Deutschland 1,6 Millionen Flüchtlinge aufnehmen würde (und bisher liegen die Prognosen darunter),[3] wären wir meilenweit von dem entfernt, was ärmere Länder leisten. Sicherlich: 1,6 Millionen, das klingt nach einer hohen Zahl. Aber setzen wir sie mal ins Verhältnis zur Bevölkerung. 1,6 Millionen Geflüchtete würde bedeuten, auf hundert Einwohner*innen kämen zwei Geflüchtete. Angenommen, in einem Raum halten sich bereits hundert Leute auf und dann kommen zwei weitere dazu, würde das wirklich irgendjemand im Raum als bedrohliche Platznot empfinden?

Es gibt Grenzen des Erträglichen. Doch diese Grenzen beginnen nicht, wenn auf hundert Einwohner*innen noch nicht mal zwei Geflüchtete kommen. Es gibt hingegen Akteure, die gerade wirklich an die Grenzen des menschlich Erträglichen gehen müssen. Dazu gehört beispielsweise ein medizinischer Notfallhelfer der Hilfsorganisation medico international, die seit längerem in Syrien Menschen hilft. In der schwer bombardierten Gegend um die syrische Stadt Aleppo wurden auch Krankenhäuser angegriffen und zerstört. Alles, was aufgebaut wurde, um Menschenleben zu retten, wurde von Bomben vernichtet. Er berichtet im Fernsehen davon, wie die Helfenden von medico seit Tagen nicht schlafen konnten. Wenn selbst Krankenhäuser bombardiert werden, gibt es keinen Schutz für die Zivilbevölkerung. Die Helfenden können weder die Patient*innen noch sich selbst schützen. Unter Tränen erzählte er von der Angst in den Gesichtern der Menschen, die vor den Bomben aus den Häusern aufs freie Feld flohen und einfach nur noch weg wollten.[4] Das sind Grenzen des Belastbaren, die berühren.

Asylrechtsverschärfung – Das Skript von Rostock-Lichtenhagen reloaded?

Nichtsdestotrotz drängt die CSU beständig darauf, die angeblich begrenzte »Aufnahmefähigkeit Deutschlands« zum Thema zu machen. So wird beispielsweise der CSU-Generalsekretär Andreas Scheuer nicht müde, bedrohliche Szenarien heraufzubeschwören mit Aussagen wie:»Der Druck durch den nicht abreißenden Zuzug von Flüchtlingen ist übergroß und kaum noch auszuhalten.« Oder:»Es muss klar sein: Wer abgelehnt ist, muss ausreisen, oder er wird abgeschoben. Wer da noch diskutiert, riskiert das Implodieren unserer Gesellschaft.«[5] Nun wiederholt sich die Geschichte selten eins zu eins (auch nicht immer als Farce und nicht immer als Tragödie). Und doch erinnert einiges heute auf unheilvolle Weise an den Anfang der 1990er Jahre.

1991 brachte sich schon einmal ein konservativer Generalsekretär auf besondere Weise in die Asyldebatte ein. Volker Rühe, damals CDU-Generalsekretär, startete im September 1991 eine Kampagne gegen das Asylrecht. Diese begann mit einer Briefaktion. Rühe sandte an alle Kommunalpolitiker*innen seiner Partei ein Rundschreiben, in dem er dazu aufforderte, die Asylpolitik lokal zum Thema zu machen. Dazu ließ er standardisierte Argumentationsleitfäden, Parlamentsanträge, Musteranfragen und Presseerklärungen verschicken. Die CDU-Politiker*innen sollten in den Parlamenten Fragen stellen wie:»Sind Asylbewerber in Hotels oder Pensionen untergebracht worden? Zu welchen Kosten?«

Unter anderem sollten Fälle herausgestellt werden,»in denen Asylbewerber staatliche Leistungen unberechtigterweise mehrfach in Anspruch genommen haben«. Die *Süddeutsche Zeitung* kommentierte damals die Aktion wie folgt: Wer dies gelesen habe, wisse»endgültig, wie man generalstabsmäßig Neid und Wut produziert. Und wenn dann bei einer Horde Wirrköpfe (die sich nach solchen Debattenbeiträgen in bester Gesellschaft wähnen) aus Neid Hass wird, stehen die Generalstäbler betroffen da und wundern sich über die plötzlich ausgebrochene Gewalt.«[6]

Die Saat ging auf. Aus dem derart geschürten Neid und der angeheizten Abneigung gegen Asylsuchende wurde Hass. Hass, der letzlich in lebensgefährliche, rassistische Gewalt umschlug. Im August 1992 griffen Rassisten in Rostock-Lichtenhagen eine Aufnahmestelle für Asylsuchende sowie ein Wohnheim an, in dem circa hundert Vietnames*innen lebten. Tausende Anwohner*innen applaudierten und behinderten den Einsatz von Polizei und Feuerwehr. Als die Situation eskalierte, zogen sich Polizei und Feuerwehr vorübergehend komplett zurück. Die um ihr Leben fürchtenden Vietnames*innen und ihre wenigen deutschen Unterstützer*innen waren ganz auf sich gestellt. Und nicht nur in Rostock kam es zu solchen Übergriffen, auch in Hoyerswerda und anderswo brannten Unterkünfte für Geflüchtete und waren Menschenleben in Gefahr.

Davon unbeeindruckt (oder womöglich sogar angefeuert) setzte Volker Rühe seinen Kampf für die Schleifung des Asylrechts fort. Kurz nach dem Pogrom von Hoyerswerda sagte er in der *Süddeutschen Zeitung*: »Wenn sich die SPD beim Kanzlergespräch am 27. September verweigert, ist jeder Asylant nach diesem Tag ein SPD-Asylant.«[7] Kurz darauf gab die SPD ihre Zustimmung zur Einschränkung des Grundrechts auf Asyl.

Das Skript ist schlicht, aber leider wirkungsvoll. Es lässt sich wie folgt zusammenfassen: Bedrohungen inszenieren, Neid durch gezielte Thematisierungen schüren, und wenn Asylheime brennen, Betroffenheit heucheln, um dann umgehend die Rechte von Asylsuchenden einzuschränken. Man will ja schließlich Schlimmeres verhindern. Dieses Skript erfuhr im Herbst 2015 eine erneute Anwendung. Knapp ein Vierteljahrhundert später reagiert die Regierung auf den Anstieg von rassistischer Gewalt erneut damit, die Rechte von Schutzsuchenden zu schleifen.

So passierte Ende Oktober 2015 eine Asylrechtsänderung den Bundestag und den Bundesrat, der zufolge nun weitere Staaten als sichere Herkunftsländer gelten. Darunter auch der Kosovo, obwohl dort die Bundeswehr noch im Einsatz ist. Aber wenn es dort so sicher ist, warum sind dann noch Soldat*innen im Einsatz? Abschiebungen werden nun flächendeckend ohne Ankündigung durchgeführt, auch bei Menschen, die samt Familie schon jahrelang hier leben. Unangemeldete Abschiebung bedeutet, dass womöglich im Morgengrauen, während alle noch schlafen, die Behörden vor der Tür stehen; die Betroffenen haben wenige Minuten Zeit, ihre wichtigsten Dinge einzupacken, und dann wird die gesamte Familie ins Ungewisse geschickt. Ein Abschied von Freunden, Kolleginnen oder geliebten Menschen ist nicht vorgesehen.

Statt Bargeld soll es Sachleistungen geben. Dabei sagen alle Expert*innen, Sachleistungen sind nicht nur entmündigend, sondern auch teurer und bürokratischer als Bargeld. Die Aufenthaltsdauer in überfüllten Massenunterkünften, den Erstaufnahmeeinrichtungen, soll auf sechs Monate ausgeweitet werden. Bisher waren es maximal drei Monate. Dabei wissen wir: Je länger Menschen in überfüllten Unterkünften leben, desto größer wird die Gefahr eines Lagerkollers. Flüchtlingsinitiativen kritisierten deshalb aus gutem Grund, die Asylrechtsverschärfung setze auf Ausgrenzung und Abwehr und sei mit der Achtung von Menschenrechten nicht vereinbar.

Und dennoch fand diese Verschärfung im Parlament eine Mehrheit. Aus den Reihen der SPD stimmte lediglich eine einzige Abgeordnete dagegen. Und selbst bei den Grünen, die noch nicht einmal unter Koalitionszwang standen, stimmten nur zehn Abgeordnete dagegen, während sich 48 enthielten. Lediglich DIE LINKEN stimmten geschlossen dagegen. Und im Bundesrat hätten die Länder, in denen die Grünen mitregieren, dieses Gesetz mit ihren Stimmen zusammen mit den rot-rot(-grün) regierten Ländern sogar stoppen können. Aber leider stimmten mehrere Länder, in denen die Grünen an der Regierung beteiligt sind, für die Verschärfung.

Einiges, was aktuell von der Bundesregierung diskutiert oder sogar beschlossen wird, erinnert in erschreckender Weise an den Katalog von zehn Forderungen zur Asylthematik, den Pegida im Januar 2015 veröffentlichte. Legt man die konkreten Pegida-Forderungen und die im Herbst 2015 von der ganz großen

Koalition durchgezogenen beziehungsweise ins Gespräch gebrachten Verschärfungen nebeneinander, so gibt es eine große Schnittmenge. Hinter mehreren Forderungen kann Pegida rund zehn Monate später ein Häkchen machen, weil diese inzwischen ganz oder zumindest teilweise umgesetzt wurden.

Namentlich geht es um folgende Punkte: Erstens strenge Grenzkontrollen, also die sofortige Aussetzung des Schengen-Abkommens. Das ist faktisch erfüllt. Zweitens die Forderung, den Kreis der »sicheren Herkunftsstaaten« auf ALLE Mitgliedsländer des Europarats zu erweitern. Das wurde nicht ganz erfüllt, aber zumindest wurde der Kreis der Drittstaaten im Zuge der Asylrechtsverschärfung um Kosovo, Albanien und Montenegro erweitert. Drittens besteht Pegida auf die konsequente Abschiebung aller abgelehnten Asylbewerber. Auch in diesem Punkt sind Union, SPD und Teile der Grünen im Bundesrat und Bundestag Pegida entgegengekommen. Massenabschiebungen zur Not mit Militärflugzeugen werden geplant. Forderung vier von Pegida heißt: zeitlich befristetes Aufenthaltsrecht für Bürgerkriegsflüchtlinge – das ähnelt der Forderung de Maizières nach nur noch subsidiärem Schutz für syrische Flüchtlinge. Die fünfte Forderung von Pegida zielt auf eine verbindliche Obergrenze bei der Aufnahme. Auch das fordern inzwischen de Maiziere, die CSU und weitere. Zudem fordert Pegida, dass das Flüchtlingsproblem grundsätzlich vor Ort, möglichst nahe der eigenen Herkunftsregion und Kultur – und ungeachtet der westlichen Verantwortung für die Fluchtursachen –, geklärt wird! Das findet man so ähnlich im ganz aktuellen Gesetzentwurf des Bundesinnenministeriums zur Begründung der Einschränkung des Familiennachzugs: »Vielmehr ist es wichtig und richtig, dass Bürgerkriegsflüchtlinge in den Schutzräumen der Krisenregion gemeinsam mit ihren Familien verbleiben und dort versorgt und betreut werden.«

Als ob Pegida für Gesetzesentwürfe und Redekonzepte als Ghostwriter hinzugezogen wird! Wer aber meint, durch opportunistisches Einknicken Rassisten das Wasser abzugraben, irrt auf verhängnisvolle Art. Was immer die ganz große Koalition zu diesem Einknicken vor Rassisten brachte, sie hat Pegida damit auf verantwortungslose Art und Weise gestärkt. Flagge für Menschlichkeit zeigen sieht anders aus.

Krieg gegen Schlepper – Fluchthelfer war gestern

Selbst wenn Politiker*innen der großen Koalition wie Sigmar Gabriel und Angela Merkel gelegentlich Flagge zeigen und Stellung gegen die rassistische Gewalt auf der Straße beziehen, passiert das oft mit dem Verweis auf den angeblich notwendigen Kampf gegen die »Schlepperindustrie«.

Schlepper, nennt ihr sie? – möchte man ihnen zurufen – Schlepper? Wisst ihr noch: Als es politisch opportun war, habt ihr Menschen, die anderen bei verbotenen Grenzübertritten geholfen haben, Fluchthelfer genannt. Einige davon erhielten später dafür sogar Auszeichnungen.[8] Jene Fluchthelfer galten als Wegbereiter der Einheit und Freiheit. Aber das waren ja nur die Mauern der anderen, die da überwunden wurden. Für die Grenzen, die ihr um die Festung Europa zieht, gilt offensichtlich das Pathos der grenzüberschreitenden Freiheit nicht.

Auf ein Picknick in Ungarn im Jahr 1989, welches in einem massenhaften Grenzübertritt mündete, werden heute Festreden gehalten. Aber diejenigen, die heute Menschen bei der Flucht helfen, sollen nun mit Waffen bekämpft werden.

Anstatt die Fluchtursachen beherzt in Angriff zu nehmen, setzt die EU auf denkbar falsche Mittel. Namentlich auf Militäreinsätze gegen die sogenannten Schleuser. Diese Militäreinsätze folgen einem alten und ach so falschen Muster: Stärke und Entschlossenheit sollen unter Beweis gestellt werden. Entschlossen agieren die Mächtigen, die Entscheidungsträger*innen der EU an den Ursachen vorbei. Der Krieg gegen die sogenannten Schleuser ist letztlich nichts weiter als ein Ablenkungsmanöver von den wirklichen Ursachen. Denn es sind nicht die Schlepper, die die Menschen dazu zwingen, lebensgefährliche Routen nach Deutschland zu nehmen. Vielmehr sind die Toten im Mittelmeer und in abgestellten LKWs auf den Autobahnen das Ergebnis einer Politik, die Flucht vor Krieg, Terror und Verfolgung mit allen Mitteln verhindern will und die den Flüchtenden jeden legalen Fluchtweg versperrt hat.

Um einen Antrag auf Asyl zu stellen, muss man sich in Europa befinden. Denn die Botschaften in den Herkunftsländern bieten gar nicht die Möglichkeit, einen geordneten Asylantrag zu stellen. Eine Airline, die einen Flüchtenden ohne Einreisegenehmigung nach Europa fliegt, muss für dessen Abschiebekosten aufkommen. Infolge dieser Regelung hütet sich jedes Flugunternehmen davor, Asylsuchende zu befördern. Infolgedessen bleibt oft nur der mühselige und gefährliche Fluchtweg über Land und Wasser. Und da die EU-Außengrenzen immer stärker abgeschottet werden, ist der Grenzübertritt nach Europa leider oft nur mithilfe von sogenannten Schleppern möglich. Die Abschottungspolitik der EU lässt also deren Geschäft florieren.

Dafür ist dann in Europa sogar Geld da, und zwar nicht zu knapp: »Seit 2000 wurden rund 12,9 Milliarden Euro für Abschiebungen, Frontex, Koordination und Grenzbefestigung ausgegeben.«[9] Wie viele Leben hätte man mit diesem Geld retten können? Wie viele sind wegen dieser Todesinvestitionen, die sichere Einreisewege verhindern sollen, auf lebensgefährlichen Routen ums Leben gekommen?

Mit anderen Worten: Der massenhafte Tod an den europäischen Grenzen und auf den Transitrouten ist das Werk eben jener großen Koalition, die den Schleppern mit viel Aufwand erst die Geschäftsgrundlage bereitet. Wer wirklich an die Verursacher*innen der Schleppergeschäfte ranwollte, bräuchte noch nicht mal eine verdeckte Ermittlung, um die Verantwortlichen zu finden. Er könnte gleich in den Regierungssitzen in Europa anfangen.

Nun haben die Regierungen der EU, darunter auch die schwarzrote Bundesregierung, eine Militärmission gegen Schlepper gestartet. Diese Mission wird noch nicht einmal die kleinen Fische aus den sogenannten Schleppernetzwerken fangen. Inzwischen hat sich nämlich herumgesprochen, dass es eine intensivere Verfolgung gibt. In Reaktion darauf fahren immer seltener gelernte Seeleute auf den Flüchtlingsbooten mit. Die Flüchtenden müssen zunehmend selbst das Boot steuern. Oder die sogenannten Schlepper schalten den Autopiloten ein und verlassen das Boot beziehungsweise mischen sich unter die Flüchtlinge. Kurzum: »Hier steuert der Passagier selbst.«[10]

Jeder Schuss, der auf einen vermeintlichen oder tatsächlichen (wer kann das auf offener See schon so genau identifizieren) Schleuser abgefeuert wird, kann so auch das Leben eines Flüchtlingskinds, das sich womöglich zur selben Zeit auf dem Boot befindet, beenden oder das Leben von dessen Vater, dessen Mutter. Haben wir denn aus dem Schicksal von Aylan Kurdi gar nichts gelernt? Aylan, der mit seiner Familie aus Syrien flüchten musste. Aylan, der nur drei Jahre alt werden durfte. Aylan, dessen toter Körper eines Tages an einem türkischen Strand nahe der Touristenhochburg Bodrum angeschwemmt wurde – und dessen Tod so wortreich von vielen Verantwortlichen in Europa beklagt wurde.

Und hat irgendjemand derjenigen, die diesem Beschluss zur militärischen Bekämpfung der Flucht zustimmten, auch nur einmal eine Minute lang darüber nachgedacht, dass es Alternativen dazu gibt, die nicht auf Waffen und Militär setzen? Wollte man das sogenannte »Schlepperunwesen« (de Maizière) tatsächlich bekämpfen, gäbe es dafür nämlich eine sehr einfache Möglichkeit: Schluss mit der europäischen Abschottungspolitik. Die Kriegsschiffe, die jetzt auf sogenannte Schlepper schießen sollen, könnten einfach zu Fähren umfunktioniert werden. Kein

Mensch würde sich mehr gezwungen sehen, in überfüllte Boote und lebensgefährliche LKWs zu steigen.

Die Onlineredaktion der Zeitung *Die Welt* befragte im Oktober 2015 Geflüchtete, was sie sich von der Zukunft erhoffen: Einer will hier als Arzt praktizieren. Ein Restaurator will hier helfen und ist in großer Sorge um seine sechs Kinder, die noch in Ungewissheit in seiner alten Heimat leben. Ein Geflüchteter aus dem Irak konnte dort nicht mehr als Künstler arbeiten, da er verfolgt wurde. Er wünscht sich nichts sehnlicher, als wieder als Künstler aktiv zu sein und seine Freundin zu heiraten.[11] Die Frau, die man liebt, heiraten, die eigenen Kinder in Sicherheit zu wissen, das, was man kann und gelernt hat, wieder anzuwenden – wer vermag solche Wünsche zu verurteilen? Doch das Grenzregime der EU basiert darauf, dass Menschen für solche Wünsche ihr Leben riskieren müssen. Der Militäreinsatz gegen die vermeintlichen Schleuser wird die Gefahren für Leib und Leben auf der Flucht noch erhöhen.

Ein Ring, sie zu knechten

Die Logik hinter der Asylrechtsverschärfung sowie dem Militäreinsatz gegen Schlepper ist klar. Die Kunde davon soll Flüchtenden das Signal aussenden: Ihr seid NICHT willkommen. Doch man belässt es nicht bei dieser Ansage, sondern unternimmt alles Erdenkliche, um Flüchtende bereits auf ihrer Flucht aufzuhalten. Dabei schrecken die Regierungen in der EU auch nicht vor einer Komplizenschaft mit Diktatoren zurück.

Wenn Finanzminister Wolfgang Schäuble darüber spricht, klingt das so:»Das Entscheidende ist, einen Ring um Europa zu legen.«[12] Zu der realen Praxis entlang der EU-Außengrenzen gehört auch, dass die marokkanische Polizei gelegentlich Flüchtlinge, die bereits auf europäisches Territorium gelangt sind, wieder herausprügelt. Ein Polizist aus Marokko berichtet stolz davon,

wie die spanische Guardia sie walten ließ, als sie mit »Gummige-
schossen, Schlagstöcken und Tränengas«[13] auf Flüchtende losgin-
gen. Für jeden eingefangenen Subsaharier spendierte die Guardia
ihnen hinterher je eine Flasche spanischen Whisky. Manchmal er-
ledigt die spanische Grenzpolizei die Drecksarbeit auch selbst.
Angriffe auf Fluchtboote, also illegale Push-Backs[14] gehören
leider ebenfalls zum Alltag am Rande der EU. Viele Berichte lesen sich wie die eines Kameruners: Eine Gruppe, die versucht,
mit einem Boot die Straße von Gibraltar zu überqueren, wird in
internationalen Hoheitsgewässern von marokkanischem Militär
attackiert. Als die Soldaten in Reichweite des Schlauchboots
sind, stechen sie mit Messern darauf ein, schießen mit Gummi-
geschossen direkt auf den Motor und sprühen den Flüchtenden
Pfefferspray ins Gesicht. In Sichtweite fahren europäische Tan-
ker mit gehissten Fahnen vorbei. Ein Flüchtling ist mit seiner
dreijährigen Tochter dabei. Er kann sie nur retten, indem er sie
rückenschwimmend den weiten Weg zur marokkanischen Küste
zurück auf seinem Bauch transportiert. Wäre er nicht ein so guter Schwimmer gewesen, wäre eine weitere Kinderleiche am
Strand angespült worden. Denjenigen, die die Attacke auf ihr
Schlauchboot überleben und an die Küste Marokkos zurück-
schwimmen, wird alles abgenommen. Splitternackt werden sie
im Grenzgebiet zu Algerien ausgesetzt. Frauen werden be-
grabscht, und Männer werden zusammengeschlagen. Kinder
zwingt man dazu, dabei zuzusehen mit dem Kommentar: »Damit ihr nie die gleichen Dummheiten wie eure Eltern begeht.«[15]
  So sieht der Ring um Europa aus. Ein Ring, die Geknechteten
zu knechten, Menschen in Not zusammenzuschlagen, Frauen zu
misshandeln und Kindern Traumata zuzufügen, die sie womöglich ihr Leben lang verfolgen werden. Herr Schäuble als Mitglied
der Bundesregierung muss um diese Praxis wissen, wenn er von
einem Ring um Europa spricht. Doch das Schweigen der Bundesregierung zu dieser unmenschlichen Praxis ist ohrenbetäu-
bend. Es ist kaum vorstellbar, dass eine Regierung, die immerhin

über viele Referent*innen verfügt, die Informationen zusammentragen und aufbereiten, so gar nichts davon weiß. Handelt es sich nun um bewusstes Wegsehen und Verschweigen? Oder werden die verschiedenen Polizei- und Küstenschutzkräfte sogar zu diesen Grausamkeiten ermuntert?

Vieles, was an den Außengrenzen der EU und auf den Fluchtrouten von staatlicher Seite aus passiert, erfüllt mindestens den Tatbestand der unterlassenen Hilfeleistung, wenn nicht sogar der Anstiftung zu Körperverletzung und Mord. Eine schaurige Verabredung zum Sterbenlassen. Wolfgang Schäuble will nun diese Verabredung zum Sterbenlassen fortführen, ja vertiefen – und eine Verschärfung der Abschottung läuft letztlich darauf hinaus. Dies ist unmenschlich und übrigens auch unsinnig. Offensichtlich ist die Not der Menschen so groß, dass keine Abschottungsmaschinerie sie vom Flüchten abhalten kann. Der Leidensdruck in der Heimat ist so massiv, dass kein Zaun, keine Mauer die Flüchtenden aufhalten kann. Viele in Deutschland ahnen das. Immerhin 76 Prozent der Bevölkerung halten es nicht für realistisch, dass sich Deutschland gegen Flüchtlinge abschotten kann.[16]

Einer der treffendsten Kommentare zu dem Thema stammt von einem Flüchtenden selbst:»Wenn sie uns einen Weg verbarrikadieren, werden wir immer einen neuen finden. Die Zäune Europas können noch so hoch sein, die Schlupflöcher noch so klein. Nichts und niemand wird uns stoppen können, solange sich unsere Perspektiven en bàs [unten in ihrer Heimat] nicht ändern!«[17]

Guter Flüchtling – falscher Flüchtling

Zu der Abwehrrhetorik gegen Flüchtende gehört die Einteilung in einerseits angeblich gute und schützenswerte und andererseits falsche Flüchtlinge. Falsche sind scheinbare Wirtschaftsflüchtlinge. Wirtschaftsflüchtling – wieder so ein irreführender Begriff, in dem die Unterstellung mitschwingt, diesen habe nur die Profitgier, der Egoismus, das Bedürfnis, in Luxus zu schwelgen, nach Deutschland getrieben.

Doch was treibt Menschen in die Flucht, auch wenn sie nicht vor Bürgerkriegen oder politischer Verfolgung fliehen? Lassen wir die Betroffenen einmal selbst zu Wort kommen: Ein Schuhmacher aus Mali, der einige Zeit in Deutschland lebte, bis er abgeschoben wurde, antwortete auf die Frage, was er an Europa so liebe: »Dort hat jeder sein eigenes Zimmer. Man kann selber entscheiden, ob man die Zimmertür aufmacht oder geschlossen hält.«[18] Ismael aus Goa treibt die Frage um: Wie soll man in einer Stadt mit Stromschwierigkeiten und Wassermangel (…) und Problemen mit hygienischer Infrastruktur in Ruhe altern können?[19] Mohamed wiederum wurde von seiner Mutter auf die Flucht geschickt. Die Familie hat kein Einkommen. Er soll in Europa Geld verdienen und damit die Familie zu Hause unterstützen, »damit zumindest seine Geschwister die Schule beenden können«.[20] Der Kongolese Lamine hingegen hat alle Angehörigen verloren bis auf seine Oma, die kaum ihre Miete bezahlen kann. Als er aufbrach, versprach er, ihr in Bälde Geld für ihre Miete zu schicken, sobald er es nach Europa geschafft habe.[21]

Ein Zimmer, um auch mal die Tür hinter sich zumachen zu können, ein Leben ohne Wassermangel, ein Dach über dem Kopf für Oma und einen Schulabschluss für die jüngeren Geschwister – eigentlich Selbstverständlichkeiten. Doch all das gilt nach dem deutschen Asylrecht nicht als akzeptabler Grund. Wen solche Gründe antreiben, der wird hierzulande als Wirtschaftsflüchtling diffamiert und wahrscheinlich schnell wieder abgeschoben.

Wenn in Bussen, in Talkshows oder am Stammtisch über »Wirtschaftsflüchtlinge« gesprochen wird, offenbart sich oft ein eklatanter Mangel an Empathie, eine Unfähigkeit zu menschlicher Anteilnahme. Woher kommt dieser Mangel an Empathie bei einem Teil der deutschen Bevölkerung? Für uns, die wir das große Glück hatten, in einem reichen Land geboren worden zu sein, sind das Leid und die Verzweiflung, die Menschen auf der – oft jahrelangen – Flucht antreiben, kaum vorstellbar. Manchmal kann die Kunst weiterhelfen, einen Eindruck vermitteln, etwas nachfühlbar machen, wo das politische Sprechen nicht weiterkommt.

Der Filmklassiker *Früchte des Zorns* nach dem Roman von John Steinbeck behandelt zwar nicht die Flucht von Menschen aus Afrika, aber er lässt einen eintauchen in das Gefühl, getrieben zu sein, und in die Not von Menschen, die einfach nur Arbeit suchen. Menschen also, die so gesehen reine Wirtschaftsmigranten sind. *Früchte des Zorns* spielt in den USA während der Wirtschaftskrise der 1930er Jahre. Im Mittelpunkt steht die Familie Joad. Seit Generationen lebte sie auf ihrer Farm in Oklahoma, bis ihr die Großgrundbesitzer ihr Land nahmen. Als man sie von ihrem Land vertreibt, brechen die Familienmitglieder auf in Richtung Westen – nach Kalifornien. Dort soll es Arbeit geben. Nirgendwo sind sie willkommen. Die meisten Bundesstaaten erwarten, dass sie durchfahren, ohne anzuhalten. Die Ansässigen betrachten sie als Konkurrenz und vertreiben sie mit Heugabeln oder brennen anderenorts ihre Lager nieder. Das Gefühl, nicht willkommen zu sein, und der Hunger sind die einzig verlässlichen Begleiter. Dabei wollen sie doch nur eine Arbeit, um sich ernähren zu können.

Manchmal hilft auch ein gewisser historischer Abstand, um die Absurdität von Argumenten zu verdeutlichen. Im September 2015 findet der alljährliche Wirtschaftstag der Raiffeisenbanken statt. Das Programm steht dieses Mal ganz im Zeichen von 25 Jahren deutsche Einheit. Der einstige Außenminister Hans-Dietrich Genscher wird dazugeschaltet und spricht voller Begeisterung von den Menschen, die »alles auf sich nahmen, um in Freiheit leben zu können«. Der Applaus ist ihm auch bei dieser Aussage gewiss. Diejenigen, die damals flüchteten, werden hier klar als Helden und friedliche Revolutionäre gehandelt. Auch

mich berühren die Bilder. Und doch komme ich nicht umhin,
Folgendes zu denken: Wenn diese Leute, die damals aus gutem
Grund in die Botschaft in Prag flohen, sich einem Interview, wie
es Asylbewerber*innen heute absolvieren müssen, hätten unter-
ziehen müssen, wären 90 Prozent umgehend als Wirtschaftsflüchtlinge eingeordnet worden und hätten wahrscheinlich sofort abgeschoben werden müssen.

Einwand: Lieber Geld in Entwicklungshilfe stecken

Auch in Gesprächen, bei denen nicht abfällig von Wirtschaftsflüchtlingen die Rede ist, wird gelegentlich der Einwand geäußert, wir sollten doch lieber den armen Menschen, die in ihrer
Heimat geblieben sind, helfen und nicht denen, die es hierher
geschafft haben. Diese Unterscheidung wird durch die Praxis
konterkariert. Zum einen, weil die Migrant*innen, die irgendwann wieder zurückkehren, in ihre Heimat Erkenntnisse und
Qualifikationen mitnehmen. Und diese kommen dann der Entwicklung in ihrem Heimatland zugute.

So kommt die Filmemacherin Miriam Faßbender diesbezüglich zu einer bemerkenswerten Schlussfolgerung:»Mir sind auf
meiner gesamten Reise nur sehr wenige Flüchtlinge begegnet,
die sich dauerhaft in Europa niederlassen möchten. Die meisten
wollen irgendwann zurückkehren. Dadurch, dass wir ihnen
durch Militarisierung unserer Außengrenzen nicht nur die Hin-
wege, sondern auch ihre Rückwege versperren, sind sie gezwungen auszuharren. Wo auch immer sie sich gerade befinden oder
festhängen.«[22]

Auch die Befragung von rund 900 syrischen Geflüchteten in
Deutschland Ende September 2015 bestätigt diesen Eindruck.
Gerade einmal 8 Prozent planen, dauerhaft in Deutschland zu
bleiben. Die überwiegende Zahl hofft auf ein Ende des Kriegs
und ein Ende des Assad-Regimes, damit sie wieder zurückkehren können.[23]

Zudem ist die Wirkung der Überweisungen der Migrant*innen in ihre Heimat nicht zu unterschätzen. Im Jahr 2014 wurden rund 450 Milliarden US-Dollar (und damit weit mehr als die offizielle Entwicklungshilfe) von Migrant*innen an Bekannte und Verwandte in ihren Heimatländern überwiesen. Dieses Geld ist auch eine Art Entwicklungshilfe, da es die Nachfrage in den sogenannten Entwicklungsländern steigert. Allein 125 Millionen Menschen profitieren Schätzungen zufolge in Afrika direkt davon.[24] Diese Überweisungen sind auch eine kleine Form der Umverteilung vom reichen Norden in den armen Süden.

Institutionelles Versagen: Die Inszenierung des Notstands

Im Spätsommer 2015 besuche ich in Dresden das Technische Hilfswerk (THW) und treffe Ehrenamtliche, die auch beim Aufbau der Zeltstadt in Dresden halfen. Stolz zeigen mir die Freiwilligen die großen Fahrzeuge sowie die technische Ausrüstung, die in Notfällen zum Einsatz kommen. Ihre Fähigkeiten im Bau von Notbrücken, Zeltunterkunften und bei der Bergung von Menschen werden oft kurzfristig angefragt, zum Beispiel bei Naturkatastrophen. Sie sind es gewöhnt, sich für einen Hilfseinsatz schnell freimachen zu müssen, kurzfristig der Familie zu erklären, dass aus dem geplanten Ausflug nichts wird, weil ein Einsatz ansteht. Die meisten von ihnen gehen einer Erwerbsarbeit nach und müssen somit gelegentlich ihrem Chef oder ihrer Chefin beibringen, dass mal wieder die Pflicht neben der Arbeit ruft und der Dienstplan geändert werden muss. Die Information über ihren Einsatz beim Bau der Zeltstadt erreichte sie gerade einmal zwei Tage vorher.

Wie gesagt, kurzfristig bereit zu sein sind sie gewöhnt, so mancher Einsatzgrund kündigt sich leider nicht vorher an. Und doch steht unausgesprochen die Frage im Raum: War der Anstieg der Flüchtlingszahlen wirklich so unerwartet? Ist es so unmöglich zu kalkulieren, dass infolge von Bürgerkriegen und Bombardierungen mehr Menschen zu uns fliehen? Dass sich ein Anstieg abzeichnete, hätte von Seiten der Bundesregierung erkannt werden müssen. Immerhin lag ab Herbst 2014 die Zahl der bereits registrierten Asylsuchenden deutlich über der Zahl der Asylantragsteller; die Prognose der Zahl der kommenden Asylsuchenden wurde von den Bundesbehörden aber erst Mitte August 2015 auf die Zahl der registrierten Asylsuchenden umgestellt. Mit einer vorausschauenden Planung hätte man Situationen wie in Dresden, wo THW und Rotes Kreuz faktisch innerhalb eines Tages eine Zeltstadt aufbauen mussten, vermeiden können. Mit einer etwas seriöseren Planung hätte die Bundesregierung bereits Anfang des Jahres die Kommunen informieren können. Bund und Länder hätten zusammen und ohne die Hektik der Kurzfristigkeit Liegenschaften suchen können. Doch all diese Überlegungen finden im Konjunktiv statt, da die Verantwortlichen im Bund, also das Haus von Bundesinnenminister Thomas de Maizière, kurzsichtig ge handelt haben.

Wenn in Städten plötzlich Zeltlager entstehen, dann verschärft das den Eindruck der angeblichen Überforderung Deutschlands. Wenn es in den überfüllten Massenunterkünften zu Konflikten kommt, weil irgendwann der Lagerkoller zuschlägt, dann spielt das jenen in die Hände, die gegen Migrant*innen hetzen. Ob solch eine Entwicklung tatsächlich von einigen Verantwortlichen gewollt war und es sich um einen »inszenierten Notstand«[25] handelt, oder ob es sich schlichtweg um gravierendes institutionelles Versagen handelt, vermag ich nicht abschließend zu beantworten. Fakt ist, die Verantwortlichen im Bundesinnenministerium haben das Notstandsszenario nicht verhindert. Dabei gab es Berichte von Frontex, die den Verantwortlichen vorlagen und die auf einen Anstieg der Flüchtlingszahlen hindeuteten.

Dass es überhaupt eine Infrastruktur bei der Ankunft der Schutzsuchenden gab, ist den Verantwortlichen in den Kommunen und den vielen ehrenamtlich Helfenden zu verdanken. Sie haben die Kurzsichtigkeit des Innenministeriums auszubaden. Sie meisterten in den vergangenen Monaten viele organisatorische und finanzielle Herausforderungen. Und allen, die hier aktiv waren, sind und werden, kann man gar nicht laut genug danken. Doch eines können die vielen Helfenden kaum überbrücken: die vielen Fehlentscheidungen der Politik und Kürzungen an falscher Stelle in den vergangenen Jahrzehnten. Die nun plötzlich beklagte finanzielle Überforderung der Kommunen wird schon seit Jahren billigend in Kauf genommen und mit Schuldenbremse und ähnlichen Instrumenten aus der neoliberalen Folterkammer sogar aktiv gefördert. Dabei wäre in einem so reichen Land eine dezentrale Unterbringung von Geflüchteten möglich, würden die Kommunen nur angemessen finanziert – und große Vermögen entsprechend besteuert.

Im Bereich der Wohnungspolitik sind die Versäumnisse und Fehlentscheidungen der Vergangenheit besonders offensichtlich. Seit 1990 ist die Zahl der Sozialwohnungen von fast 4 auf zuletzt knapp 1,5 Millionen im Jahr 2013 gesunken.[26] Daran sind wahrlich nicht die Migrant*innen schuld, sondern die Bundesregierungen verschiedener Couleur. Denn sie haben sehenden Auges zugelassen, dass die Zahl der Sozialwohnungen kontinuierlich abnimmt. Und sie hätten wissen können, was sie taten, denn zum Beispiel Caren Lay von den LINKEN wies alle Jahre wieder darauf hin. Bereits 2012 forderte sie eine »Neuauflage des sozialen Wohnungsbaus«.[27] In den Folgejahren nahmen die Zahlen immer weiter ab, und die Wohnungsnot wurde mit jedem Jahr etwas dringlicher. Bezahlbarer Wohnraum – für alle hier Lebenden mit niedrigem Einkommen ganz unabhängig von ihrem Pass – hätte sich etwa durch dauerhafte Belegungsbindungen für öffentlich geförderte Sozialwohnungen erhalten lassen, ebenso durch die Kopplung von Baugenehmigungen an die Integration von sozialem Wohnraum.

Thomas Specht, der Geschäftsführer der Bundesarbeitsgemeinschaft Wohnungslosenhilfe, befürchtet einen weiteren Anstieg der Wohnungslosenzahlen um 60 Prozent auf knapp 540 000 bis zum Jahr 2018, wenn die wohnungs- und sozialpolitischen Rahmenbedingungen nicht nachhaltig geändert werden. Dabei spielt seiner Einschätzung zufolge »die wachsende Zuwanderung von EU-Bürgern und Asylbewerbern zwar eine Rolle als Katalysator und Verstärker, die wesentlichen Ursachen liegen jedoch in einer seit Jahrzehnten verfehlten Wohnungspolitik in Deutschland, in Verbindung mit einer unzureichenden Armutsbekämpfung«.[28] Die Bundesregierung hat nun die Gelder für den sozialen Wohnungsbau von 518 Millionen auf eine Milliarde Euro erhöht. Das ist ein richtiger, aber leider völlig unzureichender Schritt. Neben einer höheren Förderung muss sichergestellt werden, dass das Geld auch wirklich in den Neubau von Sozialwohnungen fließt, denn auch das haben die Länder mehrheitlich versäumt.

In einigen Schulen fragen nun Eltern besorgt nach, ob denn die Lehrer*innen noch genügend Zeit für ihre Kinder haben, wo sie sich doch jetzt auch um die Flüchtlingskinder kümmern müssen. Auch hier wird ein soziales Problem deutlich, dass bereits vor dem Anstieg der Flüchtlingszahlen bestand. Die neoliberale Politik hat bewusst auf Personalmangel im Bildungsbereich hingearbeitet. Gewerkschaften und DIE LINKE fordern deshalb schon lange mehr Personal in der Bildung.

Wie man es also dreht und wendet: Das Reden von der »Flüchtlingskrise« lenkt davon ab, dass es selbst in diesem reichen Land längst eine Krise der sozialen Gerechtigkeit und eine finanzielle Austrocknung der öffentlichen Hand gibt. Aber nicht weil, wie Rechtspopulist*innen nun zu suggerieren versuchen, zu wenig Geld oder zu wenig Wohnraum da wäre, sondern weil der Reichtum ungerecht verteilt ist.

In einem Witz aus den sozialen Netzwerken wird das vereinfachend, aber treffend auf den Punkt gebracht: Ein Banker, ein

Bild-Leser und ein Asylbewerber sitzen an einem Tisch. Auf dem Tisch liegen zwölf Kekse. Der Banker nimmt sich elf Kekse und sagt zum *Bild*-Leser:»Pass auf, der Asylant will deinen Keks.«

Oder um es mit den treffenden Worten der Schriftstellerin Mely Kiyak zu sagen:»Ehrlich, da kriegt man sich vor Lachen doch nicht mehr ein. Das prächtige Abendland hat Probleme, Heizstrahler zu besorgen, um leerstehende Gebäude zu heizen und Menschen unterzubringen? Die deutsche Bürokratie funktionierte in den Wirren des Zweiten Weltkrieges tadellos. Sie funktionierte in den Deportationslagern. Sie funktionierte, als Millionen Vertriebene kamen. Sie funktionierte, als Millionen Kontingentflüchtlinge aus der ehemaligen Sowjetunion nach Deutschland kamen. Sie funktionierte, als 16 Millionen DDR-Bürger in die Westbürokratie integriert werden mussten. Und jetzt klappt das nicht wegen ein paar Hunderttausend Menschen, die nach Deutschland kommen? Wegen Computerproblemen und so? Wegen zu wenig Mitarbeiter in Registrierungsstellen?

Die Politik strengt sich gerade irre an, genau diese Bilder von Überforderung und Überlastung entstehen zu lassen. Durch lange Warteschlangen an Registrierungsstellen und Grenzübergängen. Jedes Bild eines Kindes an der deutsch-österreichischen Grenze, das nachts von seinen Eltern in einen Pappkarton gesteckt wird, um einigermaßen vor Kälte isoliert zu sein, ist Teil einer politisch motivierten Kommunikationsstrategie. Sie soll sagen: ›Kein Platz. Kein Geld.‹ Tatsächlich sagt sie aber was anderes. Nämlich: Kein Bock, die Verhältnisse zu ändern!«[29]

Ob es sich nun bei der Kurzsichtigkeit der Zuständigen im Bundesinnenministerium einfach nur um Schlampigkeit handelt oder doch um gezielte Inszenierung, lässt sich schwer belegen. Auffällig ist nur, dass die inszenierte Überforderung von einigen Konservativen wunderbar als Steilvorlage für die weitere Verschärfung des Asylrechts und einen weiteren Militäreinsatz genutzt wurde.

Dieser planmäßige Zynismus ergibt durchaus Sinn, wenn man sich klarmacht, dass das Kaputtsparen der öffentlichen Infrastruktur seit Jahren ein wesentliches Ziel der herrschenden Politik ist. Der Abbau sozialer Rechte im Europa der Austerität geht einher mit der Ausprägung eines autoritären Europas. Statt sich zurückzuziehen – darauf hat der Münchener Soziologieprofessor Stephan Lessenich hingewiesen –, ändert der Staat die Gestalt seiner biopolitischen Interventionen.[30] Und diese zielen darauf ab, alle Lebensbereiche auf den Wettbewerbsmodus abzurichten. Hartz IV ist eine Art Blaupause dieses Paradigmas, das mehr Bürokratie und mehr autoritäre Gängelung bedeutet. Hauptsache, es kommt mehr Rennen, Rackern, Rasen dabei heraus. Das ist nicht nur langfristig volkswirtschaftlich dysfunktional, da die ganze Welt eben nicht »wettbewerbsfähiger« werden kann.

Diese Form der autoritären Aktivierung, sozialen Entsicherung und Beschleunigung hat auch im Hinblick auf die Demokratie verheerende Auswirkungen. Denn die Lebensweise, die so produziert wird, ist eindimensional. Das Europa von Troika und Merkel leidet mithin nicht nur an riesigen Verteilungsungerechtigkeiten, sondern auch noch an massivem Sinnverlust. Das Subjekt des deutschen Europas, es ist leer. Kein Wunder, dass hier aus weder Begeisterung noch jene Zuversicht entstehen, ohne die eine Demokratie sich auf Dauer nicht entwickeln kann. Und wo die Demokratie keine Begeisterung weckt, haben es Antidemokrat*innen leicht.

3 Rassistischer Mob und Public Viewing

Zu den antidemokratischen Abgründen, die sich hierzulande gerade auftun, gehört der sprunghafte Anstieg von rassistischer Gewalt. Es gab ja Zeiten, da waren Hakenkreuz-Schmierereien noch eine Nachricht wert. Im Angesicht der gegenwärtigen Eskalation von rassistischen Übergriffen schaffen es solche üblen Schmierereien kaum noch in die Medien. Es gibt einfach zu viele Akte rassistischer Gewalt. Aktivist*innen und Politiker*innen, die rassistischer Propaganda widersprechen, werden zunehmend von Neonazis bedroht. Rassisten versenden Morddrohungen gegen Demokrat*innen und machen noch nicht einmal vor deren Familienmitgliedern halt. Scheiben von linken Abgeordnetenbüros und alternativen Projekten werden so regelmäßig eingeschmissen, dass diese keinen Versicherungsschutz mehr finden. Nazi-Aufmärsche ziehen vor die Privatwohnungen von engagierten Antifaschist*innen. Die Vizepräsidentin des Bundestags, Petra Pau, wird wochenlang von Nazis verfolgt, die jeden ihrer Schritte bei Twitter einstellen, um auch ja schön das Gefühl der Bedrohung anzuheizen.

Und allerspätestens seit dem 17. Oktober 2015 wissen wir nun auch, dass sich die Neonazis nicht auf Drohungen beschränken. Henriette Reker, die parteilose Kandidatin für das Amt der Kölner Oberbürgermeisterin, wird am Tag vor der Wahl mit mehreren Messerstichen in den Hals angegriffen und lebensgefährlich verletzt. Inzwischen ist sie glücklicherweise außer Lebensgefahr und wurde zur Oberbürgermeisterin gewählt. Doch ganz offensichtlich senkt der wachsende Rassismus in der Gesellschaft die Hemmschwelle für spontane rassistische Gewalttaten. Pegida, AfD und Co. schaffen ein gesellschaftliches Klima, in dem rassistische Gewalt gedeiht und ein neuer brauner Terror sich formiert.

Als im Sommer 2015 am Stadtrand von Heidenau ein leerstehender Baumarkt zur Erstunterkunft für Schutzsuchende wird, formiert sich draußen auf der Straße der braune Mob und attackiert die Unterkunft mit Steinen und Brandsätzen. Auf der gegenüberliegenden, höher gelegenen Straßenseite nehmen dabei angeblich »besorgte Bürger« Platz, breiten ihre Picknickdecken aus und betreiben Public Viewing bei rassistischer Gewalt. Einige feuern sogar die Nazis an.

Nicht nur in Sachsen gibt es solche Anschläge. Bundesweit nehmen die rechten Angriffe auf Asylunterkünfte zu. Dass Orte wie Tröglitz oder Meißen zu Chiffren für rassistische Anschläge geworden sind, sollte nicht davon ablenken, dass Brand- und Sprengstoffanschläge sowie Bedrohungen mittlerweile ein flächendeckendes Phänomen sind und in Orten vorkommen, die es nicht bis in die Abendnachrichten schaffen. Der rassistische Terror beschrankt sich nicht auf eine Region, er betrifft alle Himmelsrichtungen von Escheburg im Norden über Coesfeld im Westen, Hepberg im Süden und Brand-Erbisdorf im Osten.[1] Wurden im zweiten Quartal 2014 noch dreißig Übergriffe gegen Unterkünfte vermerkt, so waren es im zweiten Quartal 2015 bereits 88 solcher Straftaten.[2] Innerhalb eines Jahres hat sich die Zahl der Anschläge also ungefähr verdreifacht. Und das ist nur ein vorläufiges Bild. Da der Stichtag für die Erfassung im kriminalpolizeilichen Meldedienst noch nicht abgelaufen ist, muss mit weiteren Nachmeldungen von Übergriffen gerechnet werden.[3]

Nun ist jeder Anschlag auf Menschen – ganz unabhängig davon, welchen Pass oder welchen Geburtsort diese Menschen haben – gleichermaßen abscheulich. Aber selbst gemessen an ihrer eigenen (rassistischen) Propaganda, die vorgibt, ihnen ginge es um die Interessen der Deutschen beziehungsweise sie seien nur gegen die »falschen Flüchtlinge«, ist der rassistische Mob nicht wirklich zielgenau: So wird Mitte September 2014 im bayrischen Burgkirchen ein Sprengstoffanschlag auf ein Gebäude verübt, in dem – entgegen anderslautender Gerüchte – gar keine Flüchtlinge untergebracht sind. Vielmehr wird in dem Gebäude eine Fahrradwerkstatt für Bedürftige und Geflüchtete betrieben. Von den Folgen dieses Brandanschlags sind nicht nur die Betreiber, sondern auch Arme mit deutschem Pass betroffen, deren Rad dort repariert werden konnte.

Als Die LINKE Sachsen Ende September 2015 in dem kleinen Ort Neukieritzsch einen Landesparteitag mit dem thematischen Schwerpunkt Willkommenskultur veranstaltet, wird das Veranstaltungsgebäude über Nacht generalstabsmäßig entglast, das heißt, alle Scheiben der Halle werden zerstört. Das Ausmaß der Zerstörung macht deutlich, dass es sich hier nicht um spontanen Vandalismus einiger vorbeiziehender Betrunkener gehandelt haben kann. Von einem rassistischen Hintergrund ist auszugehen. Der Parteitag muss am nächsten Tag im Rathaus des Orts fortgesetzt werden. Zu erwähnen ist, dass diese neu erbaute Halle – so sie nicht gerade als Kongresshalle genutzt wird – für Schul- und Vereinssport Verwendung findet. Der durch den Anschlag verursachte Schaden liegt bei circa 250 000 Euro. Ob diese Kosten von der Versicherung oder von der Gemeinde zu tragen sind, ist zum Zeitpunkt des Verfassens dieses Textes noch unklar. Fest steht jedoch, dass nach diesem Anschlag die Einwohnerinnen und Einwohner von Neukieritzsch einige Monate lang auf ihre Sporthalle verzichten müssen. Schließlich beträgt allein die Lieferfrist für die Scheiben ein Vierteljahr. Dies ist ein weiteres Beispiel dafür, dass die Folgen rassistischer Gewalt eben alle treffen können.

Ihrer eigenen Propaganda zufolge geht es Pegida ja darum, gegen die von ihnen sogenannten »Wirtschaftsflüchtlinge«

Stimmung zu machen. Doch die von ihnen angeheizte rassistische Stimmung führt dazu, dass in Heidenau eine Erstunterkunft angegriffen wird, in der 70 Prozent der Bewohner*innen aus Syrien stammen, darunter viele Kinder und Frauen. Menschen, die gerade den Grauen eines Bürgerkriegs entkommen sind und dann wieder vor der Unterkunft bürgerkriegsartige Angriffe erleben müssen.

Als ich den einst leerstehenden Baumarkt besuche, beherbergt er circa 400 Menschen, alle in einem riesigen Raum ohne Trennwände. Nur einige Zeltplanen wurden zwischendrin aufgehängt. Der Schall der hohen Halle verstärkt jedes Geräusch. Ich frage mich, wie die Menschen darin nachts überhaupt zur Ruhe kommen sollen. Schmale Liegen reihen sich eng aneinander. Es gibt keine abgetrennten Räume für Familien mit Kindern oder für allein geflüchtete Frauen. Doch das Unfassbare ist noch nicht einmal die Situation, in der die Menschen dort leben, sondern die Tatsache, dass Rassist*innen Menschen, die in großer Not ihre Heimat verlassen haben, noch nicht einmal diesen bescheidenen Schlafplatz gönnen.

In Bezug auf den konkreten Kampf gegen den Rassismus auf der Straße kann man von der sächsischen Landesregierung viel lernen: nämlich was man von Seiten der Zuständigen aus auf keinen Fall tun sollte. In Sachsen hat die führende CDU jahrzehntelang die sich abzeichnende braune Gefahr verharmlost. Jeder Versuch, die sächsische CDU auf die sich verfestigenden Strukturen der Neonazis hinzuweisen, wurde mit Ausflüchten in eine allgemeine Extremismuskritik beantwortet. Ihr war es vor allem wichtig, immer noch irgendeinen linken Regelbruch aufzuspüren, den sie kriminalisieren konnte, um weiterhin die Augen vor der braunen Gefahr verschließen zu können. Und auch aktuell reagierte die CDU-geführte Landesregierung auf denkbar schlechte Weise. Als der braune Mob tagelang in Heidenau tobte, gab es nur eine einzige vorübergehende Festnahme. Und anstatt nun polizeiliche Hilfe aus anderen Bundesländern anzufordern, wurde der Notstand verhängt – mit dem Ergebnis, dass zunächst ein antirassistisches Willkommensfest verboten wurde. Damit setzten die verantwortlichen Behörden Menschen, die Flüchtlinge willkommen heißen wollen, faktisch gleich mit dem rassistischen Mob, der Flüchtlinge gewaltsam angreift. Was für ein fatales Signal.

4 Grund zur Hoffnung: Wie die aktuellen Entwicklungen unsere Gesellschaft positiv verändern (können)

In finsteren Zeiten entfaltet sich, wenn es gut geht, eine Menschlichkeit eigener Art, wonach es »genügt, ein Mensch zu sein«.[1] So formulierte es die Philosophin Hannah Arendt in ihrer Rede anlässlich der Entgegennahme des Lessing-Preises der Hansestadt Hamburg im September 1959. Und die Entwicklungen in der einen Bevölkerungshälfte Deutschlands im Sommer 2015 während der Rebellion der Herzen geben ihr recht.

#thisisamovement

Es ist kein klassisches Sommermärchen, und doch hat es etwas Fabelhaftes, was im Sommer 2015 beginnt: Jeder zweite Deutsche sagt von sich, er habe sich schon mit Spenden oder ganz persönlich an der Flüchtlingshilfe beteiligt. 9,5 Millionen[2] engagieren sich in entsprechenden Initiativen. Darunter sind einige Leute, die schon immer politisch aktiv waren und nun ihren Arbeitsschwerpunkt auf die Solidarität mit den (An-) Kommenden gelegt haben. Doch für viele wird die Flüchtlingsfrage zu dem Punkt, an dem sie eine Schwelle überwinden: die Schwelle zum Handeln. Vielen reicht es plötzlich nicht mehr, sich nur am Abendbrottisch, während die Nachrichten laufen, oder in Gesprächen eine Meinung zu bilden. Plötzlich wird aus einem »Eigentlich müsste man etwas tun« ein »Ich tue jetzt was«.

So berichtet die Solidaritätsinitiative »Refugees Welcome Karoviertel« aus Hamburg, wie auf eine ihrer Einladungen zu einem Treffen, die sie vor allem übers Netz verbreitet hatten, plötzlich über tausend Leute kamen. Obwohl bei ihnen keine Massenorganisation mit lange gepflegten Mailverteilern im Hintergrund stand, lediglich einige von ihnen kannten sich schon aus den Zusammenhängen der Bewegung für ein »Recht auf Stadt«. Um Veranstaltungen mit tausend Leuten durchzuführen, bilden Organisationen in der Regel Vorbereitungsstäbe mit mehreren Hauptamtlichen, die alles gründlich vorbereiten. Doch die Dynamik im Spätsommer und Herbst 2015 lässt sich nicht in Ablaufpläne pressen. Und so wird halt improvisiert. Diejenigen, die sich in Flüchtlingssolidaritätsinitiativen einbringen, nehmen einiges auf sich: Es gibt keine wirklich lang erprobten Strukturen. Es fehlt an vielem. Sprachbarrieren erleichtern nicht gerade die Verständigung. Die medizinische Versorgung der Geflüchteten kommt erst nach und nach in Gang. Ein abgesichertes, strukturiertes Ehrenamt mit Ehrenamtspass sieht anders aus. Die Freude daran, als Mensch seine Menschlichkeit praktisch ausleben zu können, setzt offensichtlich in vielen Menschen eine ungeahnte Energie frei.

Ein Brief aus Meißen

Ja, Menschen wachsen über sich hinaus. Ein berührendes Beispiel dafür liefert der offene Brief eines Bauunternehmers aus der sächsischen Kleinstadt Meißen an die Bevölkerung von Meißen zum Thema Aufnahme von Geflüchteten. Darin heißt es: »Es wird viele Probleme und Rückschläge geben, aber eine Stadt, die zwei Hochwasser, auch dank Hilfe aus aller Welt, in kürzester Zeit überstanden hat, sollte das doch in den Griff bekommen. Freuen wir uns auf ein bunteres Meißen und endlich auch mehr

Kindergeschrei, es wird allen gut tun, auch wenn so mancher Schatten zu überspringen ist.«

Ihn, der von sich selbst schreibt, als Bauunternehmer sei er eigentlich ein »gieriger Ausbeuter«, ließ der Gedanke an das Leid der Flüchtlinge und daran, was deren Kinder »vielleicht aus unserer Sicht Unvorstellbares sehen mussten«, nicht mehr los, und er handelte. Er stellte ein Haus für die Unterbringung von Flüchtlingen bereit und wurde dafür vom rassistischen Mob bedroht. Doch er duckte sich nicht weg, sondern ging an die Öffentlichkeit. Mit seinen ganz eigenen Worten warb er in Meißen für Willkommenskultur. Er, der sonst eher Rechnungen schreibt, schrieb einen offenen Brief an die Bevölkerung von Meißen.

Hier zeigt sich exemplarisch, dass anhand der Flüchtlingsdebatte eine Polarisierung der Gesellschaft vonstatten geht. Es gibt nun ein Thema, bei dem Leute leidenschaftlich Haltung beziehen und Flagge zeigen. Wann immer wir Berichte von rassistischen Anschlägen auf Flüchtlingsheime oder von Pegida-Aufmärschen hören, sollten wir eines nicht vergessen. Die, die da von sich behaupten, sie seien das Volk, sprechen nicht für alle. Es gibt in dieser Polarisierung eine große, oft sogar größere Zahl von Menschen, die sich mutig für Weltoffenheit und Menschlichkeit entschieden haben. Ihr Mut ist auch eine Ermunterung an die Politik, sich selbst nicht wegzuducken, sich nicht opportunistisch auf rassistische Ressentiments einzulassen.

Eine Schicht bei »Moabit hilft!«

Auch bei der Initiative »Moabit hilft!« wachsen viele Freiwillige über sich hinaus. An einem der letzten warmen Herbsttage Ende Oktober helfe ich in ihrer Kleiderkammer aus und lerne dabei Verena kennen. Verena hat im Marketingbereich gearbeitet, hat zwei Kinder und wollte sich eigentlich im Herbst einen neuen Job suchen. Anfang September kam sie mal vorbei, um ein bisschen mit anzupacken. Inzwischen kommt sie fast jeden

Tag, managt quasi den Laden, ohne chefig zu sein. Als ich ankomme, weist sie gerade die Freiwilligen, die schon morgens da sind, in die Systematik der Kleiderkammer ein. Bevor die ersten Familien und Kinder kommen können, ist noch einiges einzusortieren. Beim Sortieren taucht ein Problem auf. Es gibt nicht mehr genügend Kleiderbügel. Verena löst das, indem Sommersachen aussortiert werden. Für dünne Jäckchen kann gerade kein Platz verschwendet werden. Sie kommen in einen Extrabeutel für nächstes Jahr. Zur Not muss halt improvisiert werden. Nachdem sie dieses Problem gelöst hat, wendet sie sich einem anderen zu. Einer der Freiwilligen, die regelmäßig kommen, ist offensichtlich gerade ganz schön mitgenommen. Man sollte ihm nahelegen, mal eine Pause einzulegen. Diejenigen, die öfter kommen, kennen einander und geben auch aufeinander Acht. Schnell wird klar, wie wichtig das ist.

Wir sortieren währenddessen die Schuhe nach Größen, um möglichst schnell die passenden Exemplare griffbereit zu haben. Doch nicht überall stehen die Größen drauf. Das Nachmessen kostet Zeit, und ich fluche leise über Schuhfirmen, die keine Größen auf die Sohlen drucken. Niemand hat hier Zeit, Dienstpläne zu erstellen. Zufälligerweise ist vormittags in der Kleiderkammer zumindest eine Freiwillige, die sich schon ein bisschen auskennt, so dass wir Neuen jemanden zum Nachfragen haben. Eine der Neuen ist Angela, sie geht noch zur Schule und hat gerade Ferien. Irgendwie wollte sie während ihrer Ferien nicht nur abhängen, sondern auch mal was Sinnvolles tun. Bis zum Nachmittag haben wir Neuen die Logistik der Kleiderkammer immerhin so weit verstanden, dass wir die Freiwilligen, die erst am Nachmittag dazukommen, kurz einweisen können.

Zu den Freiwilligen, die an diesem Tag die Kleiderausgabe organisieren, gehören auch Geflüchtete. Sie sind nicht nur beim Übersetzen eine unverzichtbare Stütze. Neben Verena kennen sie sich am besten vor Ort aus. Sie organisieren für die anderen

Freiwilligen Kaffee, Wasser und holen zu Beginn der Mittagspause das Essen für alle. Schließlich wissen sie, wo die Ausgabe-
stelle ist. Noch ehe wir dazu kommen, das Plastikgeschirr nach
dem Essen zu entsorgen, haben sie es schon eingesammelt. Hier
erwartet keiner der geflüchteten Männer, dass Frauen sie bedienen, ganz im Gegenteil. Als Verena nach der Mittagspause neue
Aufgaben ansagt, packen sie mit an. Von ihnen hat offensichtlich
niemand Probleme damit, wenn eine Frau Anweisungen gibt.
Und ich muss daran denken, wie sehr sie von den Stereotypen
abweichen, die konservative Politiker über Flüchtlinge verbrei-
ten. Ich wünschte mir, Thomas de Maizière würde mal für nur
einen Tag seine Vorurteile ablegen und die Gummihandschuhe
(die hier obligatorisch sind) überstreifen und in der Kleiderkammer mit Ahmet[3] und den anderen Geflüchteten zusammenarbei-
ten, die ich bei »Moabit hilft!« erleben durfte. Beim Abschied erfahre ich, dass einer von ihnen in seiner Heimat arabische
Literatur unterrichtet hat.

Schnell wird klar, dass selbst in der Kleiderkammer nicht
nur logistisches Geschick und die Fähigkeit, Kleidergrößen
schnell einzuschatzen, gefragt ist: Während wir noch sortieren, steht ein junger Mann mit einem Zettel am Eingang. Zuerst versteht niemand seine Fragen. Do you speak English?
Parlez-vous français? Farsi? Die Freiwilligen am Eingang arbeiten sich durch die Sprachen durch. Sie werden bei Russisch
fündig und holen mich.

Eigentlich hat er Glück, er hat immerhin schon eine Aufent-
haltsgenehmigung in der Hand. Aber er ist aufgeregt. Man
habe ihm gesagt, er solle sich im Haus D melden wegen der
Registrierung. Im Haus D findet aber gar kein Registrierung
statt. Wir schauen auf seine Dokumente und stellen fest, er ist
schon registriert. Er soll sich nun eigenständig eine Wohnung
suchen. Einerseits ist er erleichtert, anderseits misstrauisch:
Warum habe man ihm dann gesagt, er solle hierher gehen?
Wir wissen es leider auch nicht. Uns bleibt in dem Moment

nur, ihm Glück bei der Unterkunftssuche zu wünschen. Er wird es brauchen.

Es kommt immer wieder vor, dass Freiwillige mit ganz konkreten Sorgen, Unsicherheiten und womöglich existentiellen Fragen der Geflüchteten konfrontiert sind. Und nicht jedes Problem ist so einfach zu beheben wie fehlende Winterschuhe. Doch zum Grübeln bleibt vorerst keine Zeit. Es heißt einsortieren, Reinkommende begrüßen, mit wenigen Worten ihre dringendsten Kleiderwünsche erfragen, um dann dabei zu helfen, die passenden Sachen rauszusuchen.

In der Mittagspause löffeln wir alle Linsensuppe und tauschen uns aus. Verena ist erst seit September dabei und doch kommen ihr die vergangenen zwei Monate wie eine Ewigkeit vor. Es ist so viel passiert. Eine intensive Zeit. Die logistischen Engpässe zu lösen – das ist gar nicht das Problem. Schwerer ist es, die menschlichen Schicksale zu verarbeiten. Einerseits wollen Freiwillige ja mit den Geflüchteten ins Gespräch kommen. Andererseits ist Smalltalk hier nicht immer unbefangen möglich. Sie berichtet von einer Freiwilligen, die zu Beginn des Deutschkurses eine Mutter fragte, wo sie herkomme und wie sie hergekommen sei. Diese Frau musste in ein Schlauchboot steigen, da es keine legale Einreisemöglichkeit für sie gab. Auf der gefährlichen Überfahrt ging ihre sechsjährige Tochter über Bord, und sie konnte sie nicht retten. Solch ein traumatisches Erlebnis anzusprechen und zu verarbeiten ist keine leichte Sache. Nicht jedem ist es gegeben, darauf angemessen zu reagieren. Nicht immer ist es gut, in jeder Situation die Erinnerung an Traumata zu wecken. Verena meint, eigentlich bräuchten die Freiwilligen regelmäßig eine Art Supervision, eine Art therapeutische Begleitung.

Im Haus nebenan findet die medizinische Betreuung statt. Am Eingang stehen den ganzen Tag ein bis zwei Freiwillige, die bei Fragen weiterhelfen. Wer ankommt, klebt sich einen Aufkleber mit dem Vornamen auf seine Jacke und darunter einen Vermerk, welche Sprachen man spricht. Da nicht immer alle notwendigen Sprachen vorhanden sind, liegt für zentrale Wörter wie Schmerzen und Allergie eine Übersetzungsliste in sechs Sprachen aus. Nicht jede Krankheit, die dort behandelt wird, war schon in der alten Heimat ausgebrochen. Die Schrecken der Flucht haben ihre Spuren hinterlassen. Und inzwischen – so erfahre ich in der Mittagspause – müssen die Ärzt*innen auch Krankheiten behandeln, die entstehen, weil die Geflüchteten vor der Registrierung, vor Behördenterminen oder bei der Tuberkulose-Untersuchung im Röntgenbus stundenlang in der Kälte draußen warten müssen.

Die Zeit vergeht wie im Fluge. Und ich kann es immer noch nicht ganz fassen, wie all das hier funktioniert. Kaum einer meldet sich hier vorher an. Egal ob einer die Mittagspause überzieht oder verpennt oder lieber den ganzen Tag blaumacht, hier drohen niemandem arbeitsrechtliche Konsequenzen, weil niemand hier einen Job hat. (Abgesehen vielleicht von einer Handvoll unverzichtbarer und angesichts ihres Einsatzes unterbezahlter Koordinator*innen im Büro.) Man mag es nicht glauben, Tag für Tag werden all die vielen Aufgaben, die anfallen, bewältigt. All die logistischen Herausforderungen werden gemeistert und all die akuten menschlichen Notfälle aufgefangen – und das ganz freiwillig. So faszinierend dieser Einsatz der vielen Freiwilligen ist, so beschämend ist für die Politik die Tatsache, dass es ihrer bedarf. Die Solidarität der Freiwilligen sollte nicht das Lebensnotwendige bereitstellen müssen, sondern sollte zusätzlich zu der Grundversorgung, die von staatlicher Seite zu garantieren ist, dazukommen.

ABC-Tische in Dresden

Dresden, meine Heimatstadt, macht seit längerem vor allem negative Schlagzeilen mit den montäglichen Aufmärschen von Rassist*innen unter der Überschrift »Patriotische Europäer gegen die Islamisierung des Abendlandes«, kurz Pegida. Dass es bei diesen Kundgebungen nicht wirklich niveauvoll zugeht, sondern auch schon mal Journalisten angegriffen werden, scheint die Tausenden, die da mitlaufen, nicht wirklich zu stören. Ihr montägliches massenhaftes Erscheinen auf Dresdens Straßen sorgt bei vielen Dresdnerinnen und Dresdnern für Beschämung und Ratlosigkeit. Über ein Jahr dauert dieser Spuk bereits an. Doch es gibt auch gute Nachrichten aus Dresden, Initiativen, die einem den Glauben an die Zivilgesellschaft zurückgeben. Als förmlich über Nacht im Sommer 2015 bei Tagestemperaturen um die dreißig Grad eine Zeltstadt für mehr als tausend geflüchtete Menschen entstand, richtete man kurz darauf gleich gegenüber einen Begegnungsort ein. Eine schattige Parkanlage des alten Matthäusfriedhofs wurde vom Umweltzentrum zum Begegnungsort für alte und potentiell neue Einwohner*innen umgewandelt. Alles entwickelte sich mit dem nötigen subversiven Optimismus. Nach den Planschbecken für die Kinder kamen schnell die Tische für die Erwachsenen. Dort wurden erste deutsche Wörter gelernt: Wie man nach Weg und Uhrzeit fragt oder sagen kann, wie man heißt und woher man kommt. Einer der ersten Sätze, den alle lernen wollten, lautet: Ich suche Arbeit. Bald schon reichten die Plätze an den Tischen nicht mehr aus, und Lern- und Erzählgruppen saßen auch auf den Wiesen im Park. Im Sommer war das eine praktische Lösung, aber mit dem Einzug des Herbstes musste auch ein neues Domizil für die ABC-Tische gefunden werden. Und was für ein Domizil da gefunden wurde! Anfang Oktober sind sie in den Lichthof des Albertinums umgezogen. Die ABC-Tische stehen nun in einem der bekanntesten und meistbesuchten Museen mitten im barocken Zentrum Dresdens. Was für ein schönes Symbol! In einer Ausstellung, die Kunstwerke aus aller Welt zeigt, können Geflüchtete aus aller Welt Deutsch lernen! Wenn der Lichthof wegen anderer Veranstaltungen nicht zur Verfügung steht, können die Lerngruppen sich kostenfrei die Ausstellungen der staatlichen Kunstsammlungen ansehen.

Das Wort vom subversiven Optimismus prägte übrigens Stefan Mertenskötter, Seniorgeschäftsführer des Umweltzentrums Dresden – natürlich mit dem für ihn typischen verschmitzten Lächeln. Und wenn er sich die Entwicklung seiner Idee ansieht, wird sein Lächeln noch breiter. Inzwischen haben diese ABC-Tische Schule gemacht und sich auf andere Organisationen und andere Teile Dresdens ausgeweitet.

Zivilgesellschaft treibt *BILD*

Viele Freiwillige wollen erst mal nur helfen. Einige sagen auch ausdrücklich:»Ich will nur helfen. Wenn es politisch wird, ist es nicht mein Ding.« Und doch wirken ihre Taten wie ein politisches Statement. Der österreichische Publizist Robert Misik schreibt in dem Zusammenhang von einer»Art Aufstand«, einem»Protest des Handelns«.[4] Das Engagement der vielen liest Misik als Ausdruck der Sehnsucht, die Vereinzelung zu überwinden, also einen Aufbruch in Richtung Postindividualismus. Dabei ginge es nicht – so Misik – darum, die Eigenständigkeit und die Vielfalt aufzugeben oder sich gar in einem Kollektiv komplett unterzuordnen, sondern um die Freude an Begegnungen und Gemeinschaftlichkeit jenseits der ständigen Konkurrenz.

So sehr auch die einzelnen meinen, sie hätten mit Politik nichts am Hut, so sehr wirkt ihr Handeln politisch im Sinne von praktisch gesellschaftsverändernd. Und in der Tat, die Woge der Hilfsbereitschaft blieb von den Parteien und großen Medien nicht unbemerkt. Der Umstand, dass Millionen Menschen in Deutschland das Leid der Flüchtlinge nicht mehr achselzuckend hinnahmen, sondern sich mit ihrem Handeln klar positionierten, hat etwas bewirkt in diesem Land. Offensichtlich entsteht dort, wo Menschen zusammen handeln, eine Art Macht. Und diese Macht im positiven Sinn zeigt Wirkung.

Man konnte den Eindruck gewinnen, dass die Sprechzettel einiger Politiker*innen erst ausgetauscht wurden, als offensichtlich wurde, dass vielen Menschen das Leid der Flüchtenden nicht egal ist. Es bewegt sie sogar so sehr, dass sie handeln. Damit war klar, nicht nur der rassistische Mob hat hier eine klare Haltung. Und so entfaltete das Mitgefühl der Helfenden einen Druck auf die Politik. Denn wer weiß, wer bei diesem Thema aktiv hilft, richtet womöglich seine nächste Wahlentscheidung auch danach aus. Zwar konnte diese Woge der Solidarität nicht die weitere Verschärfung des Asylrechts verhindern, aber man mag sich gar nicht vorstellen, wie die Bundesregierung aufgetreten wäre, wenn es nicht den sanften Druck der Helfenden gegeben hätte.

Nicht nur die Aussagen einiger Politiker*innen verschoben sich vorsichtig in Richtung Mitmenschlichkeit. Selbst die *BILD*-Zeitung, die bisher eher durch das Gegenteil von antirassistischem Engagement auffiel, startete eine Pro-Flüchtlingskampagne. »Wir helfen Flüchtlingen, die BILD«, stand auf den Aufklebern, und die gesamte Erste Liga des deutschen Fußballs wurde eingespannt, diesen Aufkleber zu tragen. Was war da in der Chefredaktion passiert? Hatte Kai Dieckmann angesichts von Pegida und Heidenau Angst bekommen vor den Geistern, die er jahrelang durch die Verbreitung rassistischer Ressentiments gerufen hatte? Ob dieser Tage Goethes »Zauberlehrling« als Lektüreempfehlung durch die *BILD*-Redaktion kursierte, ist nicht überliefert. Offensichtlich ist aber, dass der Marketingabteilung der *BILD* die Woge der Hilfsbereitschaft nicht entgangen war.

Das Institut Solidarische Moderne beschreibt es wie folgt: »Den hilflosen und unvorbereiteten politischen Institutionen traten unzählige Menschen zur Seite und empfingen die von Hunger, Krieg, Armut und Perspektivlosigkeit Verfolgten mit Beifall, Solidarität, Kleidung, Mahlzeiten, Sprachunterricht und vielem mehr. In dieser gesellschaftlichen Lage und in dieser Bewegung, in Gang gebracht von den Flüchtenden selbst und erwidert von einem breiten Teil der europäischen und deutschen Zivilgesellschaft, liegt eine riesige, wenn nicht eine historische

Chance für emanzipatorische Politik: Eine progressive gesellschaftliche Dynamik könnte nicht nur die überkommene Flüchtlingspolitik korrigieren. Sie könnte zu einem gesellschaftlichen Aufbruch führen.«[5] Andere verdichteten diese Entwicklung in einem Hashtag #thisisamovement: Dies ist eine Bewegung. Die helfenden Taten der einzelnen verdichteten sich zu einer Woge der Flüchtlingssolidarität, die die gesellschaftliche Debatte mit prägte. Man könnte es auf eine einfache Formel bringen: Zivilgesellschaft treibt *BILD*. So geht Gegenhegemonie! So schafft man Gegenmacht!

Massendissidenz im Merkel-Land

Nicht nur die Titelseiten der *BILD* verändern sich infolge der überwältigenden Hilfsbereitschaft. Auch mit den Helfenden passiert etwas. Nicht bei jeder und schon gar nicht bei allen gleichermaßen. Manche sind einfach nur erschöpft nach einem langen Tag in der Kleiderkammer. Andere nehmen die Gedanken an Schicksale, die ihnen nahegehen, abends mit nach Hause. Wieder andere sind einfach wie elektrisiert ob des Gemeinschaftsgefühls, das im gemeinsamen und sinnvollen Handeln entsteht. Das Gefühl, etwas selbst in die Hand nehmen zu können, beflügelt. Je mehr Freiwillige in die Thematik eintauchen, umso mehr stoßen sie auf Widersprüche. Die Mitmenschlichkeit gerät immer wieder in ein Dilemma angesichts der geltenden Rechtslage. Es ist das eine, abstrakt zu wissen, dass den Geflüchteten aus Afghanistan die Abschiebung drohen kann – Abschiebung in ein Land, wo womöglich ihr Leben bedroht ist. Auch das kann schon belasten. Doch tagsüber mit einem afghanischen Flüchtling in der Kleiderkammer zusammenzuarbeiten und dann zu wissen, dass ihm womöglich jede Nacht die unangekündigte Abschiebung bevorsteht, verstärkt die Empörung und das Hadern mit den Gesetzen.

Von Vertreter*innen verschiedener Hilfsorganisationen hörte ich im vertraulichen Gespräch, dass einige Freiwillige, die seit Jahrzehnten CDU gewählt haben und aus lauter Rechtsgläubigkeit bisher nie bei Rot über die Straße gegangen sind, inzwischen darüber nachsinnen, wie sie Leute vor der Abschiebung retten können und dabei mehr als nur eine rote Ampel ignorieren. Noch vor einigen Monaten wären ihnen solche Gedanken oder sogar Taten unvorstellbar gewesen. Hätten Nachbarn ihnen vor einem Jahr von aktiver Abschiebungsverhinderung erzählt, wären sie womöglich schockiert ob des Regelbruchs gewesen. Diese Veränderungen beginnen selten damit, dass sich jemand bewusst entscheidet, nun linksradikal zu sein. Es geht auch nicht um Widerstand um des Widerstands willen. Doch die Bereitschaft zur Dissidenz im Zeichen der Menschlichkeit wächst. Wer über ein Mindestmaß an Mitmenschlichkeit (oder auch Nächstenliebe) verfügt und die Augen und Ohren nicht ganz fest verschließt, gerät halt schnell in Konflikt mit Gesetzen, die auf Abschottung und Abschiebung bauen.

Diese Dissidenz hat verschiedene Formen: In Wien traf ich einen Taxifahrer, der seine Kollegen aufgefordert hat, mit den Taxen an die Grenzen zu fahren und Flüchtende, denen ansonsten eine Behandlung à la Orbán drohte, rüberzuholen. Mit dieser Aktivität galt er übrigens nicht als einsamer Spinner. Mit dem Auto an die Grenze zu Ungarn fahren, um Flüchtende zu retten, wurde in Wien zu einer massenhaften Praxis.

Und nicht nur in Österreich nahm diese widerständige Form der Mitmenschlichkeit zu. Aus vielen Ländern Europas brachen Menschen auf zu Autokonvois der Fluchthilfe. Auch meine Fraktionskolleginnen Christine Buchholz, Martina Renner und Azize Tank begleiteten entsprechende Autokarawanen. Unter dem Motto »Open Borders Caravan« fuhren zum Beispiel junge Linke aus Berlin, Leipzig, Italien, der Schweiz und Slowenien nach Kroatien, um Flüchtenden auf ihrem Weg zu helfen. Auf dem Hinweg sind die Autos voll mit Hilfsgütern wie Lebensmittel,

Schlafsäcke und Regenklamotten. Und auf dem Rückweg wird Flüchtenden die Mitfahrgelegenheit nicht verweigert. Immerhin ist ja nun in den Autos Platz. Nach der Einstellung der Zugverbindung aus Österreich musste ja schließlich auch eine Art Schienenersatzverkehr organisiert werden.[6] Diese Form der Fluchthilfe wird unter anderem organisiert von einem transnationalen Netzwerk an Aktivist*innen, das im Zuge der Blockupy-Proteste gegen das europäische Krisenregime entstanden ist. Diese Karawanen dienen auch dazu, Öffentlichkeit herzustellen für die verheerende Situation der Flüchtenden auf der Balkanroute.

So berichtete Martina Renner in einem Interview der Zeitung *Neues Deutschland*:»In Opatovac war die einzige Küche eine selbstorganisierte Vokü (Volksküche) von deutschen Aktivisten. Das kroatische Militär hat sie erst aus dem Lager verdrängt, am nächsten Tag forderte es sie zum Kochen für die Flüchtlinge auf, die sonst gehungert hätten. Ohne die Freiwilligen würden wir in Kroatien erneut eine humanitäre Katastrophe erleben.«

Ob die Mitnahme von»Trampenden«über die Grenze so ganz im Sinne des Gesetzes ist? Nun, wer diese Frage aufwirft, sollte sich einer Gegenfrage stellen: Was wiegt schwerer, nichts zu tun, wenn Menschen verhungern, oder hinzufallen, um ihr Überleben zu sichern?

Das wirklich Bemerkenswerte an diesen Karawanen und Konvois ist jedoch Folgendes: Während die Herrschenden in Europa sich über die Flüchtlingsfrage gegenseitig beschimpfen, während die EU-Institutionen eine moralische Bankrotterklärung nach der anderen abgeben, wächst von unten ein Europa der Solidarität, der konkreten gemeinsamen solidarischen Praxis. Menschen brechen zusammen auf und begeben sich auf Routen, von denen so manche nicht im Navi verzeichnet ist. Vor allem junge Menschen aus Europa wagen das Ungewisse, weil sie eine Gewissheit verbindet: Kein Mensch ist illegal! Transnationalität ist keine leere Phrase mehr. Aus spontanen Aktivitäten zur

Flüchtlingssolidarität erwächst nach und nach ein transnationales Netzwerk des Gemeinsamen.

Die vielen, die flüchten und hier ankommen, haben die Herausbildung dieser transnationalen Netzwerke und damit eines Europas von unten indirekt befördert. Ihre Not weckte nicht nur die Monster des Rassismus, sondern auch die Mitmenschlichkeit. Und das sicherlich weit mehr als jede Sonntagsrede über die gemeinsamen europäischen Werte.

Zu den transnationalen Initiativen gehört auch der »Moving-Europe-Bus« der Hilfsorganisation medico international. Dieser versorgt Flüchtlinge auf der Balkanroute mit Strom für Mobiltelefone, Internet und Infos für eine sichere Reise. Die rassistische Propaganda schürt gerne Neid und Empörung darüber, dass Flüchtlinge Smartphones besitzen. Aber Smartphones sind auf der Flucht nun einmal unentbehrlich, ja überlebensnotwendig. Gerade in der sich stündlich verändernden Situation auf dem Balkan ist es wichtig, über offene Grenzübergänge und Versorgungsstationen auf dem Laufenden zu sein, um die eigene Fluchtroute entsprechend anzupassen. Außerdem werden die Mobiltelefone benötigt, um mit anderen Flüchtlingen auf der Route sowie mit Familie und Freunden zu Hause in Kontakt zu bleiben und ihnen immer wieder ein Lebenszeichen von unterwegs senden zu können. Ja, Flüchtende sind nicht nur Objekte, sondern Subjekte, die ihre Flucht, ihre Suche nach einem sicheren vorübergehenden Asyl oder einer potentiellen neuen Heimat auch organisieren müssen. Das passt offensichtlich nicht allen.

Eigensinn der Flucht

Der Bundesinnenminister ist empört. Nicht etwa über sein eigenes Ministerium, das kläglich versagte bei der Prognose der zu erwartenden Schutzsuchenden und damit Ehrenamtliche und

Kommunen faktisch in die Überforderung getrieben hat. Nein, es ist die vermeintliche Undankbarkeit der Flüchtlinge, die ihn umtreibt. Es gäbe doch tatsächlich Flüchtende, die sich nicht einfach in eine Unterkunft einweisen lassen, um dann dort monatelang auszuharren und auf eine Duldung oder auf Asylgewährung zu warten. Das muss man sich mal vorstellen: Es gibt Flüchtende, die sich nicht gleich wieder dahin abschieben lassen wollen, von wo aus sie auf eine strapaziöse und oft lebensgefährliche Flucht aufbrachen. Und was dem Ganzen die Krone aufsetzt: Es gibt sogar Flüchtlinge, die Geld haben für ein Taxi, um in eine andere Stadt zu fahren.[7]

Dass die Wahl des teuren Verkehrsmittels auch etwas mit den verdachtsunabhängigen Kontrollen der Polizei an Bahnhöfen, die besonders an Menschen mit nicht-weißer Hautfarbe durchgeführt werden, zu tun haben könnte, erwähnt er nicht. Dass so mancher in eine andere Stadt fährt, weil er dort Bekannte oder Freunde hat, die ihm bei der Ankunft in dieser Gesellschaft helfen können, erwähnt er nicht. Dass die Geflüchteten auf ihrer Flucht auf der Balkanroute oder übers Mittelmeer womöglich richtig schlechte Erfahrungen mit Menschen in Uniformen gemacht haben, von Uniformierten womöglich verprügelt wurden und insofern erst einmal misstrauisch sind, weil sie nicht sicher sein können, ob die Polizei hier einen anderen Umgang pflegt als die Polizei an den EU-Außengrenzen, verschweigt er ebenfalls. Sein Statement sagt viel aus – weniger über die hier Ankommenden als über das Menschenbild von de Maizière. Wer hier ankommt, hat sich zu fügen, zu warten und dankbar zu sein, dass wir ihn beziehungsweise sie nicht verhungern und – wenn es gut läuft – nicht erfrieren lassen. Was die Geflüchteten nach dem Weltbild des Innenministers offensichtlich auf keinen Fall anstreben dürfen, ist, selbständig ihr Schicksal in die eigenen Hände nehmen zu wollen.

Dabei kann genau dieses Streben nach einer eigenständigen Existenz hilfreich sein beim Ankommen in einer Gesellschaft.

Das Warten im Ungewissen, das Gefühl, einer Behördenentscheidung mit seiner ganzen Existenz ausgeliefert zu sein, ist in Kombination mit der Sorge um die Lieben daheim ein wahrer Katalysator für Depressionen und Aggression. Das haben mir einige Solidaritätsgruppen bestätigt. Die Geflüchteten, die nach de Maizière das Ungeheuerliche taten und selbständig aufbrachen, taten dabei nicht anderes, als von ihrer Bewegungsfreiheit Gebrauch zu machen. Und ist nicht genau diese Freiheit nach unserem Grundgesetz und unserem Wertekanon eine ganz besonders wichtige Freiheit?

Laut Hannah Arendt zumindest ist die Bewegungsfreiheit nicht nur die historisch älteste, sondern auch die elementarste Freiheit:»Das Aufbrechen-Können, wohin man will, ist die ursprünglichste Gebärde des Frei-seins, wie umgekehrt die Einschränkung der Bewegungsfreiheit seit eh und je die Vorbedingung der Versklavung war. Auch für das Handeln, in dem menschliche Freiheit in der Welt primär erfahren wird, ist Bewegungsfreiheit die unabläßliche Bedingung.«[8]

Überhaupt kam im Herbst eine neue rhetorische Figur auf: die Empörung über die Undankbarkeit. Sie wird auch gestützt von vereinzelten Berichten von Leuten, die helfen wollten und dann schockiert waren, dass die Flüchtenden auch eigene Vorstellungen hatten. Aber so ist das eben, wenn man es mit Menschen zu tun hat. Als ich in der Kleiderkammer aushalf, hörte ich übrigens sehr oft das Wort»danke«. Und natürlich erlebte ich auch, dass einige Eltern auch konkrete Wünsche bezüglich der Kleidung für ihre Kinder äußerten. Rosa oder Blau beziehungsweise Jeans oder Sporthose – das ist eben nicht immer egal. Warum sollte es auch? Menschen haben Vorstellungen davon, wie sie sich kleiden wollen. Wer als Geflüchteter in Europa ankommt, trägt in so vielen Bereichen die Male des Nicht-dazu-Gehörens, dass der Wunsch, wenigstens bei der Kleidung sich nicht als Deklassierter präsentieren zu wollen, doch mehr als verständlich ist.

In der Migrationssoziologie macht seit einiger Zeit der Begriff des Eigensinns[9] von Flucht die Runde. Ich finde diesen Begriff sehr gelungen, denn er bringt zum Ausdruck, dass es sich bei den Ankommenden nicht bloß um Objekte (im positiven Sinn von Hilfsbereitschaft und im negativen Sinn von staatlicher Gewalt), sondern um handelnde Subjekte handelt. Menschen, die nicht nur warten, sondern auch agieren wollen. Menschen, die eigene Vorstellungen haben, weil das zum Menschsein – und übrigens auch zur Demokratie – dazugehört.

Wider die Pauschalurteile

Sicherlich, es wird auch hier und da Konflikte geben. Auch unter den Geflüchteten wird es einige unangenehme Zeitgenossen geben. So wie in fast jeder größeren Ansammlung von Personen unangenehme Zeitgenossen zu finden sind. Aber warum werden Handlungen beziehungsweise Eigenschaften von einzelnen Personen gleich auf eine ganze Gruppe, in dem Fall auf alle Nicht-Deutschen, bezogen? Jeder, der meint, eine negative Erfahrung mit Migrant*innen zu einem Urteil über alle Migrant*innen erheben zu können, sollte sich einmal vorstellen, wie es ihm damit erginge.

Als ich im Landesamt für Gesundheit und Soziales (LaGeSo) in Berlin in der Kleiderkammer aushelfe, hängen überall Bilder von Mohammed, einem vermissten vierjährigen Flüchtlingskind. Ich versuche, den Gedanken, was dessen Eltern gerade durchmachen, zu verdrängen. Ist ja auch niemandem geholfen, wenn ich inmitten der zu sortierenden Schuhe in Tränen ausbreche. Einige Tage später wird sein Verschwinden aufgeklärt. Ein deutscher Mann aus Brandenburg hat Mohammed entführt, vergewaltigt und dann umgebracht, weil sein Wimmern ihn störte. Es verschlägt mir die Sprache. Und jetzt stelle man sich einmal vor, alle deutschen Männer stünden nun unter Generalverdacht, bei ihnen könnte es sich um potentielle Vergewaltiger und Mörder von kleinen Kindern handeln? Natürlich ruft niemand zu solch einem Generalverdacht auf. Zu Recht! Aber wäre es genauso abgelaufen, wenn der grausame Mörder kein Deutscher gewesen wäre?

Nicht Belastung, sondern Bereicherung

Die Schule von Golzow[10]

In dem brandenburgischen Dorf Golzow drohte die Schließung der Schule. Wenn die Schule aus dem Dorf verschwindet, ist das für jede Gemeinde schmerzhaft. Die Menschen aus Golzow traf dies mit besonderer Härte. Schließlich wurde Golzow zu DDR-Zeiten bekannt durch den Dokumentarfilm »Die Kinder von Golzow«. Diese Dokumentation begann 1961 und wurde erst 2007 abgeschlossen. Sie prägt bis heute die Identität des Ortes. So steht an der Schule: »Hier gingen die Kinder aus dem Film *Die Kinder von Golzow* zur Schule.« Jedoch auch diesem für seine Kinder bekannt gewordenen Filmdorf gingen die Kinder aus, und die Schließung der Schule war faktisch beschlossen.

Dann zogen allerdings zwei Flüchtlingsfamilien nach Golzow mit kleinen Kindern: darunter die achtjährige Kamala und ihr Bruder Burhan. Beide Kinder kommen aus Syrien und waren zwei Jahre lang mit ihrer Familie auf der Flucht. So manches haben sie noch nicht verarbeitet, das blitzt zum Beispiel auf, wenn sie das Martinshorn hören. In ihrer Heimat bedeuten Sirenen nichts Gutes. Die Familie konnte nur wenig mitnehmen aus ihrer Heimat, und doch wurde ihre Ankunft zum Geschenk für Golzow: Mit diesen Flüchtlingskindern wurde der notwendige Klassenteiler erreicht. Die Schule bleibt im Dorf, und Kamala und Burhan wurden zusammen mit den Erstklässlern aus Golzow eingeschult. Zur Einschulung hielten sie stolz wie alle ihre neuen Mitschüler*innen ihre Zuckertüte im Arm. Solche Geschichten wie die von den neuen Kindern von Golzow gehören einfach weitererzählt.

Genauso wie die des italienischen Dorfes Riace. Dieses idyllische Dorf an der Küste Kalabriens drohte auszusterben. Die Alten wurden immer älter und starben nach und nach. Die Jungen zogen nach und nach weg. Ein Geschäft nach dem anderen wurde geschlossen, die Apotheke machte nicht mehr genügend Umsatz und musste schließen. Der Sportplatz verfiel zusehends, es gab ja kaum noch Kinder, die ihn nutzten. Auf die Schule gingen auch nicht mehr genügend Kinder, also stand hier ebenfalls die Schließung bevor. Immer mehr Häuser standen leer. In dieser Situation entschied sich der linke Bürgermeister des Ortes für einen mutigen Schritt. Riace wurde zu einem Ort des Willkommens, der Geflüchtete herzlich aufnahm, auch wenn ihre Papiere nicht allen bürokratischen Vorschriften entsprachen. Wim Wenders' Film *Il Volvo* zeigt, wie das Leben im Dorf nach und nach wieder aufblüht, die Läden wieder Umsatz machen und die Apotheke wieder öffnet. Der Film fängt ein, wie, nun da es endlich wieder genügend Kinder für Mannschaftsspiele gibt, Fußbälle aus verstaubten Kisten hervorgekramt werden. Das Fazit des Bürgermeisters Mimmo Lucano lautet:»Die Hilfe, die wir geleistet haben, war nicht nur Hilfe für Riace, sondern hat auch der Menschlichkeit geholfen.«

In der Tat ist es schlichtweg eine menschliche Pflicht, Schutzsuchenden Asyl zu geben. Diese Selbstverständlichkeit und dieses Recht bedürfen keiner Begründung über die Nützlichkeit für Einheimische beziehungsweise für Biodeutsche, also Menschen mit deutschem Pass ohne Migrationshintergrund. In der Bibel, die ja offensichtlich für das sogenannte Abendland eine prägende Rolle spielte, heißt es:»Wahrlich ich sage euch: Was ihr dem Geringsten meiner Brüder getan habt, das habt ihr mir getan.«[11] Und dieses Zitat bezieht sich ausdrücklich nicht allein auf eine nationale Gemeinschaft, denn kurz davor heißt es im Evangelium: »Ich war ein Fremder, und ihr habt mich aufgenommen.«

Das deutsche Grundgesetz beginnt mit dem Artikel 1:»Die Würde des Menschen ist unantastbar.«Sowohl die (christliche) Nächstenliebe als auch die Menschenwürde, also der Kern des Grundgesetzes, entziehen sich der Logik von Nützlichkeitskalkulationen. Allein dies wäre ausreichend zur Begründung für die herzliche Aufnahme der Geflüchteten. Doch der flüchtlingsfeindlichen Propaganda, die beständig Bedrohungen für die Deutschen heraufbeschwört, sollten wir den Realitätscheck nicht ersparen. Insofern soll es hier auch einmal um die Vorteile gehen, die der Zuzug von Migrant*innen für die schon Einheimischen bringen kann. Ich werbe für eine andere Perspektive. Dafür, die vielen, die zu uns kommen, nicht zuallererst als Belastung anzusehen, sondern als Menschen, die diese Gesellschaft bereichern können.

Diese Perspektive hat mich auch dazu gebracht, die Begriffe, die wir in diesen Debatten verwenden, zu überdenken. Bisher ist vor allem von Flüchtlingen oder in linken Kreisen eher von Flüchtenden beziehungsweise Geflüchteten die Rede. Auch ich habe in diesem Buch diese Begriffe verwendet, da sich Sprache nicht komplett von den Alltagsassoziationen lösen kann, wenn sie verstanden werden will. Alle drei Begriffe beziehen sich auf die Flucht. Jedoch sollte diese Phase ja nicht auf Dauer gestellt sein, sondern möglichst bald enden. Diejenigen, die geflüchtet sind, gilt es zunächst, herzlich willkommen zu heißen und zu versorgen. Doch perspektivisch geht es um mehr als ein Willkommen, es geht für sie um ein Ankommen in einer womöglich neuen Heimat. Insofern denke ich über diese Menschen zunehmend nach als (An-)Kommende, als neue Bürgerinnen und Bürger.

Gerade für die vielen strukturschwachen Regionen könnte sich der Zuzug der (An-)Kommenden, der neuen Bürgerinnen und Bürger, als Segen erweisen. In den letzten 25 Jahren konnten sich die neuen Bundesländer schließlich nicht gerade über Bevölkerungswachstum beschweren. Ganz im Gegenteil. Es kam zu einem rapiden Rückgang der Bevölkerungszahlen. Ging die

DDR gegen Ende der 1980er und noch vor der großen Ausreise-
welle von 18 Millionen Einwohner*innen aus, so lebten 2014 nur
noch 12,7 Millionen in den neuen Bundesländern.[12] Das hatte
auch negative Auswirkungen auf die Infrastruktur. Wenn nicht
mehr genügend Einwohner*innen die Einrichtungen nutzen,
rechnet sich deren Erhalt nicht mehr.

Jahrelang haben wir Berichte gehört, wie Kommunen gerade
im Osten um neue Einwohner*innen kämpfen. Was wurde da
nicht alles probiert? Eine Gemeinde versuchte es mit einer Wer-
bekampagne für Kolonisten. Andere schrieben Briefe an Wegge-
zogene, eine Rückkehrprämie war im Gespräch. Alles gleichermaßen rührend wie erfolglos. Immer wieder wurden Schulen im
ländlichen Raum geschlossen, da nicht mehr genügend Kinder
zusammenkamen, um die Klassen zu füllen. Eltern kämpften dagegen – meist erfolglos. Die Beispiele des italienischen Dorfes
Riace und des brandenburgischen Golzow zeigen hingegen einen
erfolgreichen Weg auf – den Weg der Menschlichkeit und des
Willkommens. Und auch mit der Brille der nüchternen Volkswirt-
schaft lässt sich diese andere Perspektive begründen.

Keynes hätte seine wahre Freude:

Andre V. von einer Baucontainerfirma in Oberhausen freut sich
sichtlich über die gestiegene Nachfrage. Um ein Drittel habe der
Umsatz seines Unternehmens zugenommen, da die Container auch
für Erstunterkünfte gebraucht werden. Sollte die Nachfrage anhal-
ten, will man sogar neue Beschäftigte einstellen. Möbelhäuser und
Baumärkte, von denen so manche oft mit einem Bein in der Insol-
venz standen, haben plötzlich gute Umsätze. Sogar von Liefereng-
pässen zumindest bei Doppelstockbetten und Matratzen ist die
Rede. Auch Hersteller von Waschmaschinen und Kühlschränken
können sich freuen. Allein die Stadt Köln bestellt zur Versorgung
von Hartz-IV-Betroffenen und Flüchtlingen für die nächsten zwei
Jahre 3 800 neue Waschmaschinen und 4 600 neue Kühlschränke.[13]

Ferdinand Fichtner vom Deutschen Institut für Wirtschaftsforschung (DIW) ist überzeugt: Die Ausgaben für Flüchtlinge gehen direkt in den Konsum, kurbeln also die Wirtschaft hier an.[14] Und nicht nur bei Waschmaschinen und Doppelstockbetten steigt die Nachfrage. Auch in der Jugendhilfe und Sozialpädagogik steigt der Bedarf an Fachkräften. Viele Sozialverbände wissen, wir müssen hier mehr einstellen. Neue und in dem Fall auch sinnstiftende Arbeitsplätze für alle werden also geschaffen.

Vordergründig mag es erscheinen, als seien all die vielen Ausgaben, die jetzt von der öffentlichen Hand für die Aufnahme der Ankommenden aufgebracht werden, eine zusätzliche Belastung. Volkswirtschaftlich jedoch stellt es sich anders dar. Wenn die öffentliche Hand Geld ausgibt, kurbelt das die Nachfrage an. Der Ökonom John Maynard Keynes setzte darauf, dass gerade in Krisenzeiten der Staat die zurückgehende Nachfrage durch eigene Investitionen ausgleiche und somit die Wirtschaft wieder in Schwung brächte. Er hätte seine wahre Freude an der aktuellen Entwicklung.

Nun haben die Bundesregierungen der vergangenen Jahre beständig den Eindruck erweckt, im Sparen liege der Schlüssel zum Erfolg. Die öffentliche Hand wurde mit der Schuldenbremse gezwungen, weniger zu investieren. Doch die Schuldenbremse wurde zur Investitionsbremse. Welche katastrophalen Auswirkungen diese Politik hat, lässt sich in Staaten wie Griechenland beobachten. Die aktuellen Entwicklungen böten nun – wie die Ökonomin Friederike Spiecker treffend schreibt – die Chance, das zu tun, was überfällig ist: namentlich den »Rückwärtsgang einzulegen und aus der wirtschaftspolitischen Sackgasse wieder herauszukommen«.[15]

Von der Quotengegnerin zur Instant-Feministin?

Eine bemerkenswerte Veränderung haben die vielen Geflüchteten schon erzielt: Die Zahl der Konservativen, denen plötzlich die Gleichstellung von Mann und Frau am Herzen liegt, ist überraschend schnell gestiegen. Selbstverständlich ist keine Religion der Welt eine Entschuldigung dafür, Frauen oder alle, die nicht in die Zwei-Geschlechter-Ordnung passen, zu diskriminieren. Diesen Grundsatz, die Gleichstellung von Mann und Frau, gilt es gegenüber allen Weltanschauungen und Religionen zu verteidigen und durchzusetzen. Doch es ist auffällig, wie Politiker*innen, die bisher die Frauenquote bekämpften, als stehe sie für das Ende des Abendlands, plötzlich zu Instant-Feministinnen werden. Übrigens mussten diese gleichstellungspolitischen Fortschritte in der Regel von der Frauenbewegung gegen genau jene konservativen Politiker*innen durchgekämpft werden.

So sprach sich Julia Klöckner von der CDU noch 2013 gegen die Einführung einer verbindlichen gesetzlichen Quote für Aufsichtsräte aus.[16] Offensichtlich wollte sie der Wirtschaft keine Vorgaben in puncto Gleichstellung machen. Seitdem medial über den Anstieg der Flüchtlingszahlen berichtet wird, äußert sie sich häufig in Sorge um die Gleichstellung der Frauen:»Wir dürfen keine Fehler mehr machen.« Die Gleichberechtigung von Mann und Frau dürfe nicht in Frage gestellt werden –»weder von den Muslimen, die bereits hier lebten, noch von denen, die derzeit als Flüchtlinge nach Deutschland kämen«.[17] Auch Erika Steinbach twitterte:»Bei mir hat eine Frauenquote keine Chance!« Während sie angesichts von Geflüchteten mit muslimischem Glauben nun in großer Sorge um Frauenrechte ist.

Es ist auffällig, dass diejenigen, die bisher zu christlich-fundamentalistischen Eiferern gegen das Recht auf Schwangerschaftsbruch schwiegen, nun angesichts von Geflüchteten muslimischen Glaubens sich plötzlich berufen fühlen, die Gleichstellung der Geschlechter zu verteidigen. Zur Erinnerung: So fortschrittlich war Deutschland in puncto Gleichstellung der Frauen lange Zeit nicht. Noch bis April 1998 stand im Strafgesetzbuch nur der erzwungene»außereheliche« Beischlaf unter Strafe. Vergewaltigung innerhalb der Ehe galt bis dahin auch hierzulande als nicht strafwürdig.

Es ist paradox und doch real: Angesichts von muslimischen Geflüchteten entdecken auf einmal auch Konservative eine feministische Ader. Nun könnte frau sich darüber ärgern, dass dies womöglich vorgeschoben ist. Ich schlage einen klügeren Umgang damit vor: Wir merken uns einfach all die vielen Bekenntnisse zur Gleichstellung der Geschlechter und nehmen die Konservativen zukünftig beim Wort.

5 Migration damals, heute und morgen

Die öffentliche Debatte um Migration und Flucht ist vor allem durch Begriffe wie Obergrenzen, Machbarkeit, finanzielle Überforderung geprägt. Die meisten Kommentatoren versuchen sich als Hobbylogistiker. Doch die Flüchtlingsfrage ist viel mehr als eine rein logistische Frage. Für die Gesellschaft im Ganzen werfen die Flüchtlingsbewegungen grundsätzliche Fragen auf. Namentlich Fragen wie: In was für einer Gesellschaft wollen wir leben? Welche Standards wollen wir weltweit im Umgang mit Menschen in Not setzen? Ich plädiere hier für hohe menschenrechtliche Standards – aus Menschlichkeit, aber auch um unser selbst willen. Schließlich gibt es keine Garantie dafür, dass immer nur die »anderen« und nie wir selbst darauf angewiesen sein werden. Wenn es denn überhaupt eine rational zu begründende Grenze gibt zwischen einem vermeintlichen UNS und den vermeintlich ANDEREN.

Gegenwärtig nehmen wir Migration als Bewegung in Richtung Europa beziehungsweise jenseits des Atlantiks in Richtung USA wahr. Oder um es anders auszudrücken: Unser Sprechen über Flucht und Migration ist geprägt von der Überzeugung, alle wollen aus dem globalen Süden in den globalen Norden, also mehr oder weniger zu uns. Wer weiß, ob es immer so bleiben wird. Der Kinofilm *The Day After Tomorrow* weckt zumindest die Ahnung, dass man sich nicht zu sicher wähnen sollte, im privilegierten Teil der Welt zu leben. In diesem Film wird der absolute

Klimakollaps in der Zukunft fiktiv durchgespielt. Die Handlung basiert auf der Annahme, dass es infolge der globalen Erwärmung zu einem Umschwung der Luft- und Wasserströme und damit zu einer akuten Eiszeit kommen kann, von welcher der Norden zuerst betroffen ist. Eine der einprägsamsten Szenen dieses Kinofilms spielt an der Grenze zwischen USA und Mexiko. Die Situation an dieser Grenze ist bisher dadurch geprägt, dass Menschen aus Mexiko rüber in die USA wollen, was die USA durch Grenzzäune und ein strenges Grenzregime versuchen zu verhindern. Angesichts der akuten Eiszeit stehen plötzlich Tausende von US-Amerikaner*innen an dieser Grenze und betteln darum, dass Mexiko sie reinlässt. Nun ist das zunächst eine rein filmische Fiktion. Doch das dahinter liegende Problem des drohenden, nur bedingt zu kalkulierenden Klimakollapses ist real. Wie die Migrationsbewegungen der Zukunft aussehen, können wir nur mutmaßen. Aus der Geschichte wissen wir jedoch sicher, dass die Migration mitnichten immer nur eine Richtung hatte, namentlich die zu uns.

Migration in der Geschichte

Deutschland früher: ein Auswanderungsland – Little Germany im Ausland

Beispielsweise gilt Marokko heute vielen flüchtenden Subsahariern als Durchgangsstation auf dem Weg ins gelobte Europa. Vor etwas mehr als siebzig Jahren war Marokko hingegen für Tausende von Europäer*innen eine Durchgangsstation auf ihrer Flucht vor den Nazis. Dieser Zeit wurde mit dem Klassiker *Casablanca* von Michael Curtiz (1942) ein filmisches Denkmal gesetzt.

Und nicht nur während des Zweiten Weltkriegs verließen Menschen Deutschland. Vielmehr war Deutschland beziehungsweise waren die deutschen Staaten durch die Geschichte hindurch Auswanderungsländer. Wenn Feuilletonisten heute angstvoll von Kreuzberg als »Klein-Istanbul« raunen, dann vergessen sie gerne, dass Menschen mit den »Kleindeutschlands« überall auf der Welt mal mehr, mal weniger gut zurechtkamen.[1] Denken wir nur an die Banater und die Sathmarer Schwaben, die Siebenbürger Sachsen, die es in großer Zahl in den Südosten Europas zog. Russland gewährte den Siedler*innen auf der Krim und in der heutigen Nordukraine eine Reihe von Privilegien. In der Sowjetunion gab es zwischen 1924 und 1941 sogar eine Autonome Sozialistische Sowjetrepublik der Wolgadeutschen, bis diese nach Hitlers Angriffskrieg auf die Sowjetunion – der sogenannten Operation »Barbarossa« – durch Stalins brutale Deportationspolitik beendet wurde.[2]

Noch weit bis ins 20. Jahrhundert existierte in New York neben Chinatown und Little Italy auch Little Germany. Letzteres wurde durch eine verheerende Brandkatastrophe zerstört. In der zweiten Hälfte des 19. Jahrhunderts waren Deutsche die größte Immigrantengruppe in den USA.[3] Nicht nur der Mittlere Westen wurde stark durch die Deutschen geprägt.[4] Im Jahr 1794 stimmte der Hauptausschuss des US-Repräsentantenhauses über einen Antrag deutscher Kolonisten ab, dass alle Bundesgesetze auch auf Deutsch veröffentlicht werden sollten.[5] Ein Großteil dieser Migrant*innen hatte sozioökonomische Gründe, in heutiger, oft negativ verwendeter Terminologie waren sie schlichtweg Wirtschaftsflüchtlinge.[6]

Alteuropa als bewegte Welt

Migration ist also eine feste Konstante der deutschen wie auch der europäischen Geschichte. Der Historiker Klaus Jürgen Bade führt in seinem Buch *Europa in Bewegung – Migration vom späten 18. Jahrhundert bis zur Gegenwart* aus, dass Alteuropa eine bewegte Welt war. Auf den Straßen begegneten sich alltäglich

»Wandernde«, »Fahrende« und vornehme »Reisende«.[7] Eine große Zahl von Menschen war auf die ein oder andere Art und Weise »erfahren« oder »bewandert«.[8] Erst die Entstehung der Nationalstaaten hat aus Wanderungen zur Arbeitsmigration inter-nationale Wanderungen gemacht.[9] Insofern sind nicht zunächst Menschen über Grenzen, sondern Grenzen über Menschen hinweggewandert.[10] Die Idee des politischen Flüchtlings entsteht erst im 19. Jahrhundert mit der Bekämpfung nationaler, liberaler und demokratischer Bewegungen.[11] Revolutionen wie die in den Jahren 1848/1849 gehören heute zu den Gründungsmythen parlamentarischer Demokratien. Auch wenn sie letztlich niedergeschlagen wurden, wirkten sie doch nach. Sie markieren den Wendepunkt, an dem der Aristokratie ihre alleinige Machtstellung genommen wurde und zumindest das wohlhabende Bürgertum aufrückte. Die in dieser Zeit in der Frankfurter Paulskirche tagende Nationalversammlung gilt als konstituierend für die Demokratie in Deutschland. Infolge dieser bürgerlichen Revolutionen mussten eine ganze Reihe Menschen fliehen, um der politischen Verfolgung zu entkommen. Andere Länder wiederum hatten sich mit der Frage zu befassen, wie man mit diesen Flüchtenden umgeht. Die Institution des politischen Asyls entstand. Ohne politisches Asyl hätten die Ideen einer demokratischen Gesellschaft also nicht entwickelt werden können. Die Gründungsmythen des modernen Europas sind demzufolge auch eng verbunden mit der Institution des politischen Asyls.

»Flüchtlingskrisen« in einem modernen Sinn gibt es erst seit dem Ersten Weltkrieg. Erst im 20. Jahrhundert werden »Fremde« zu einer eigenen Gruppe. Die neue Bedeutung von Grenzen im Nationalstaat erfordert die Registrierung und Klassifizierung von Menschen, was wiederum die massenhafte Internierung von Zivilisten zur Folge hat.[12] Eine Regulierung der Einwanderung gab es beispielsweise in England überhaupt erstmals mit dem 1905 erlassenen »Alien Act«.[13]

Wenn also heute Politiker*innen so tun, als seien offene Grenzen ein Ausnahmefall, sitzen sie einem Irrtum des Zeitalters des Nationalismus auf. Die Gesellschaften vor dem 20. Jahrhundert waren multiethnisch. Erst die Entstehung von Nationalstaaten hat zur Konstruktion von nationalen Bevölkerungen geführt.[14]

Mythos Völkerwanderung

Einem verqueren Geschichtsbild sitzt man auch an der Spitze von AfD und CSU auf. Angesichts der Migrationsbewegungen warnte jüngst der AfD-Vizechef Alexander Gauland vor AfD-Anhängern und Angehörigen des rechtsradikalen Spektrums vor einer »Völkerwanderung nach Deutschland«, die mit dem Untergang des Römischen Reiches vergleichbar sei, als die Barbaren den Limes überrannten.[15] Damit griff er letztlich eine Äußerung Horst Seehofers aus dem ZDF-Sommerinterview 2015 auf.[16] Doch dieses Geschichtsbild speist sich eher aus kitschigen Germanenfilmen denn aus seriöser Geschichtsforschung.

Im betreffenden Zeitraum »wanderten« weder ganze »Völker«[17], noch standen sich zwei klar abgrenzbare Gruppen wie »Römer« und »Barbaren« gegenüber.[18] Die Völkerwanderung ist vor allem eins: ein großer Mythos der europäischen Geschichte.[19] Das riesige Römische Reich umfasste schließlich unterschiedlichste kulturelle Prägungen und viele verschiedene Sprachen. Der Begriff des Barbaren diente in der zeitgenössischen Literatur vor allem dazu, Römisches gegen Nichtrömisches abzugrenzen. Auch Goten, Vandalen und Alemannen machten im römischen Militär Karriere und wurden zu römischen Bürgern. Während Militärs, die gegen den Kaiser agierten, schnell zu Barbaren gestempelt wurden – und das unabhängig von ihrer Sprache oder ihrer kulturellen Herkunft.[20] Diese Multikulturalität des Römischen Reiches passt wohl kaum in die Ideologie der rechten Populist*innen.

Viele der Ereignisse der Völkerwanderungszeit inklusive der militärischen Auseinandersetzungen waren zudem Kämpfe um

Integration ins Reich.[21] Der Untergang des Römischen Reiches hingegen hatte vielfältige Ursachen: unter anderem den Egoismus der Eliten sowie die Kriege gegen Rivalen um imperiale Macht.[22]

Deutschland heute: ein Einwanderungsland

So wie Migration und die Institution des politischen Asyls die Geschichte Europas und Deutschlands prägten, so sehr gehört Einwanderung heute einfach zur europäischen und deutschen Wirklichkeit dazu. Alle Versuche, diese Erkenntnis zu verdrängen, haben nur zu grausamen Grenzregimen geführt, die zwar Menschenleben kosten, aber die Migration trotzdem nicht aufhalten. Diese Verdrängungsversuche hatten nur zur Folge, die für ein Einwanderungsland notwendigen Institutionen und die entsprechende Infrastruktur, etwa dezentrale Unterbringungsmöglichkeiten, fälschlicherweise abzubauen. Je schneller wir realisieren, dass es sich bei Europa um ein Europa der Einwanderung und bei Deutschland heute um ein Einwanderungsland handelt, umso besser können wir damit umgehen. Dieser Tatsache müssen wir uns stellen und dürfen sie nicht als Bedrohung ansehen. Den ankommenden Geflüchteten ein freundliches und gutes Ankommen in Europa zu ermöglichen ist zudem die beste Voraussetzung für ein gutes zukünftiges Zusammenleben.

Für die vielen, die ankommen, gilt Deutschland nun einmal gerade als das »gelobte Land«, quasi als das europäische Amerika. Angela Merkel hat da – sicherlich ungewollt – etwas geöffnet. (Ungeachtet dessen ist sie mit Asylrechtsverschärfung und Grenzkontrollen gleich wieder zurückgerudert.) Doch an dem, was da aufgestoßen wurde, gilt es anzuknüpfen. Die Regierenden und die Rassist*innen in diesem Land reden von Transitzonen, Selektion und Obergrenzen und wollen irgendwie zurück in frühere Zeiten. Ich meine jedoch, Entwicklung geht nur im Vorwärtsgang. Einwanderung darf nicht als Schrecken gedacht, sondern muss als Schlüsselfrage einer zukünftigen sozialen Gerechtigkeit verstanden werden. Das ist kein linker Utopismus, sondern die reale Herausforderung, die gerade an jedem Zaun auf der Balkanroute, bei jedem Schlauchboot auf dem Mittelmeer mitverhandelt wird.

Vor dem Hintergrund dieser Erkenntnis können wir uns auch beherzt den Debatten um Leitkultur stellen. Diese Debatten beginnen wir mit der Streichung des historisch nicht haltbaren und einfach unangenehm arroganten Begriffs Leitkultur. Und bezüglich der Debatten um Kultur werbe ich für ein neues Verständnis von Kultur, welches gleichermaßen historisch fundiert wie zukunftsweisend ist.

Für ein neues Verständnis von Kultur

Die Vorstellung einer homogenen nationalen Kultur hat in der Lebenswirklichkeit keine wirkliche Entsprechung. Die Gesellschaft setzt sich aus ganz verschiedenen, einander überlappenden Parallelwelten zusammen. Wenn man diese künstlerisch darstellen würde, käme wahrscheinlich eine Art kubistische 3-D-Installation heraus, die sich beständig im Wandel befindet. Das Oktoberfest und die Fusion, das Festival des Partykommunismus, locken jeweils Unmengen von Menschen mit deutschem Pass an und scheinen doch kulturell von jeweils unterschiedlichen Sternen zu kommen. Sowohl was die bei beiden Festivitäten laufende Musik, die jeweils bevorzugte (Ver-)Kleidung, die angebotenen Speisen sowie die jeweils vorrangig konsumierten Rauschmittel anbelangt. Beide Festivitäten sind prägend für unterschiedliche kulturelle Milieus in Deutschland. Und die meisten Besucher*innen der einen Festivität stehen fassungslos vor der Attraktivität, die das andere Ereignis auf Menschen ausübt. Auf keinen Fall kann ernsthaft behauptet werden, dass sich Fusion und Oktoberfest kulturell näher seien als bayrisches Bierzelt und marokkanische Teestube.

Auch ein Blick in die Geschichte lehrt, dass Reinheitsgebote in Bezug auf Kultur nicht angebracht sind. Zirkuläre und dauerhafte Migration und die damit einhergehende kulturelle Hybridisierung sind der historische Regelfall. Der Homo sapiens ist immer auch »Homo migrans«. Zur Conditio humana gehört Migrationserfahrung genauso wie Geburt, Krankheit und Tod.[23] Die Spuren dieser Wanderungserfahrungen prägten sich so tief in Gesellschaften ein, dass sie erst mühsam freigelegt und rekonstruiert werden müssen, um wieder sichtbar zu werden. Mentale und geographische Landschaften werden durch Migration geformt, Siedlungsräumen, egal ob ländlich oder urban, ist ihr Stempel aufgedrückt. Wer heute an der Oder und am Niederrhein in die Ferne blickt, denkt in der Regel nicht daran, dass es Glaubensflüchtlinge waren, die diese Regionen in der frühen Neuzeit urbar gemacht und ihnen ihre heutige Gestalt gegeben haben.[24]

Daran, dass das Potsdamer Holländerviertel einst ein Migrantenviertel und der Französische Dom am Berliner Gendarmenmarkt eine »Migrantenkirche« war, erinnert heute nur noch der Name. Aus den Nachkommen von Deutsch-Rixdorfern und Böhmisch-Rixdorfern sind mittlerweile gleichermaßen Neuköllner geworden, die im Zweifelsfall die nächste Migrant*innengeneration zunächst als »fremd« wahrnehmen. Und manches, was als Familientradition erscheint, ist vor allem eine mentalitätsgeschichtliche Spur von Flucht- und Aufnahmeerfahrung. Wenn die Nachfahren des Perückenmachers Paul de Maizière, der im späten 17. Jahrhundert aus Lothringen nach Preußen floh, noch 200 Jahre später den ersten Sohn zum Juristen ausbilden lassen und den zweiten zum Militär schicken, dann reflektiert dies die tiefe Loyalität gegenüber dem preußischen Staat, der ihnen einst Asyl gewährte.[25]

Um ein weiteres Beispiel aus der Geschichte zu benennen: Zwar beschwerten sich auch vor 300 Jahren sächsische Bürger über die Ansiedlung von »refugirten französischen Manufacteurs«. Es sei »sattsam bekandt, daß diese Nation sich mit denen andern gar schlecht comportiren könne und zwischen denen übrigen Einwohnern, wo sie sich an frembden Orthen niedergelaßeen, contunirliche Wiederwärtigkeit, woraus endlich nichts Gutes erfolgen kann, entstehet«.[26] Gänzlich unbeeindruckt von solchen Einschätzungen schuf in derselben Zeit der Franzose Louis de Silvestre in Dresden als Hofmaler die Deckengemälde im Brühl'schen Palais sowie im Zwinger und baute sein Landsmann Raymond Leplat das Taschenbergpalais.[27] Keine hundert Jahre später wurden Mitglieder von Réfugiés-Familien in hohe Ämter der sächsischen Stadtgesellschaften gewählt.[28] Statische Nationalkulturen sind nachträglich geschaffene Konstruktionen, die durch bewusste Auslassungen entstehen.

Im Zuge der technologischen Entwicklung hat sich der Austausch zwischen unterschiedlichen Regionen dieser Welt heutzutage in exponentieller Art vervielfältigt. Dank sozialer Netzwerke nehmen Menschen faktisch in Echtzeit an Ereignissen teil, die in anderen Zeitzonen stattfinden. Die Globalisierung der Wirtschaft trägt das Übrige (wahrlich nicht immer zum Vorteil für die lokale Wirtschaftsstruktur) zum Austausch bei. Ein realistischer Blick auf Kultur zeigt: Die Idee einer an eine Nation gebundenen Leitkultur ist eine Schimäre. Kultur ist beständig im Wandel.

Der französische Anthropologe Marc Augé entwirft in seiner Schrift *Die illusorische Gesellschaft* eine besondere Vision: Danach kann »jedes Individuum als eine originelle und einzigartige Synthese aus den Kulturen der Welt«[29] definiert werden. Jede konkrete in einem Moment eingefangene Kultur stellt also lediglich eine Momentaufnahme einer Synthese der Kulturen der Welt dar. Insofern braucht keine Kultur weder in Europa noch in Deutschland noch in irgendeinem imaginären Abendland den

Schutz vor dem angeblichen Fremden. Denn über die Sedimente der Geschichte und über die modernen Technologien des Austausches findet die permanente Neuzusammensetzung wie in einem Prisma sowieso beständig statt.

Und so gesehen sind Marc Augé zufolge die Migrant*innen eine Avantgarde:»Sie sind die wahren modernen Abenteurer, die Helden des weltumspannenden Westerns, in dem die Europäer allzu oft die Rolle der ängstlichen, beunruhigten Zuschauermenge spielen, die passiv dem Aufeinandertreffen der wahren Akteure der Geschichte beiwohnt. (...) Durch ihre bloße Existenz beweisen sie uns, dass es noch Grenzen zu überschreiten, Begegnungen zu machen und eine Zukunft für die Demokratie gibt.«[30]

Statt von Leit- und Nationalkulturen sollten wir also von liquiden, sich beständig verändernden Kulturen im Plural ausgehen. Ihr Wandel ist gelegentlich durchaus mit Konflikten und Auseinandersetzungen verbunden, aber er ist nicht an sich bedrohlich, sondern Ausdruck ihres Reichtums und ihrer Lebendigkeit.

Ein solches Verständnis von Kultur geht einher mit der Absage an eine Politik, die sich als Agent einer längst fragmentierten Souveränität aufspielt. Dabei kann zukunftsfähige Politik selbst heute keine Verteidigung des Status quo sein. Sie sollte nicht versprechen, was sie nicht halten kann. Sicherheit wird es nur durch Veränderung geben: Veränderung der Politik, des Systems und unserer eigenen Lebensweisen. Ja, das klingt für viele erst einmal wie eine Zumutung. Aber die kommenden Veränderungen lassen sich ohnehin nicht aufhalten, wir können nur mitbestimmen, wie sie ablaufen, welche Effekte sie haben werden und wer dafür bezahlen wird.

Der Demographieforscher der Universität Florenz, Massimo Livi Bacci, spricht davon, dass wir die »schlimmste und schizophrenste aller Entscheidungen« treffen würden, wenn wir weiter »eine de facto offene Gesellschaft mit einer Politik verwalten, die für eine geschlossene Gesellschaft entworfen wurde«. Denn ein solches schizophrenes Verwaltungsmodell ist verhängnisvoll. Unter humanen Aspekten ist es eine Zumutung, unter kapitalistischen Bedingungen eine permanente Krisenressource. Ob Wirtschafts-, Umwelt-, Bürgerkriegsflüchtlinge oder Asylsuchende – Livi Bacci pocht in seinem Buch nicht nur darauf, sondern macht plausibel, dass Migration eine der wesentlichen Antriebskräfte der Menschheitsgeschichte ist, eine, nun ja, »Humanressource«[31]. Denn ja, die Geflüchteten – sie sind Humanressourcen. Doch ganz anders, als die Hans-Werner Sinns dieser Republik es sich in ihrer neoliberalen Verblendung vorstellen wollen. Nicht als billiger Rohstoff, der in der Konkurrenz von Standorten als Arbeitskraft verbraucht werden kann, sondern als eine elementare Möglichkeit: als die Gelegenheit für uns alle, Mensch zu sein – und als Menschen zu handeln.

6 Reaktionen, die notwendig wären

Wenn wir uns aktiv dem Wandel stellen, gibt es jede Menge Anlass zur Hoffnung. Die aktuellen Herausforderungen könnten zu einem positiven Wendepunkt für dieses Land und dieses Europa werden. Sie könnten unserer Gesellschaft den nötigen Impuls geben, uns neu zu erfinden – zum Guten hin und für alle. Um dies Entwicklung zu befördern, müssen wir nun Maßnahmen in die Wege leiten, von denen alle profitieren – die schon länger hier Lebenden wie die neuen Ankommenden gleichermaßen.

Um unsertwillen

Dazu gehört, als erstes endlich das Falsche zu beenden, namentlich die Abschottungspolitik der EU. Jeder Schritt, der in der Logik der Abschottung verbleibt, gefährdet nicht nur die Flüchtenden, sondern kann auch uns schaden. Ja, wir sollten auch um unsertwillen auf Willkommenskultur und Inklusion setzen. Denn: Was kann mit uns, mit unserer Gesellschaft, mit der Demokratie passieren, wenn wir uns gegen Willkommenskultur und für Abschottung entscheiden?

Eine Bekannte, die in einer ländlichen Region wohnt, erzählte mir vor einiger Zeit folgende Geschichte. Im Hof vor ihrem Häuschen leben mehrere Katzen zusammen mit einem Kater. Diese Tiere werden von ihr und ihrer Familie liebevoll versorgt. Nun begab es sich, dass ein weiterer streunender Kater auf der Suche nach einem neuen Heim Gefallen an den Futternäpfen fand. Da meine Bekannte und Familie fanden, die Zahl der zu versorgenden Katzen sei inzwischen groß genug, versuchten sie den eindringenden Kater zu vertreiben. Mit Anfauchen und Anschreien, schließlich mit Fußtritten und Steinen. Nach einigen Tagen gaben sie auf und stellten einen weiteren Futternapf hin. »Uns wurde einfach angst davor, was dies mit uns macht. Es geht nicht spurlos an dir vorbei, wenn du immer wieder mit Füßen nach einer Katze trittst. Das verändert dich auf ganz unangenehme Art und Weise.«

Als sie mir damals mit einer Katze auf dem Arm diese Geschichte erzählte, musste ich lachen. Zumal sie inzwischen wirklich viele Katzen versorgt. Heute denke ich daran zurück und frage mich: Was mag erst mit einer Gesellschaft passieren, in der beständig Menschen angegriffen werden?

Und was passiert mit einer Gesellschaft, in der die Angst vor den Ankommenden noch von staatlicher Seite befeuert wird? Das Phänomen einer sich selbst beständig bestätigenden Angst ist im Alltag oft in harmlosen Bereichen zu beobachten. Wer Angst vor Hunden hat, trifft komischerweise besonders oft auf Hunde, wer Angst um seine kleinen Kinder hat, dem fällt plötzlich auf, dass im *Tatort* ständig kleine Kinder getötet oder misshandelt werden. Psycholog*innen könnten dieses Phänomen mit vielen Fachwörtern erklären. Letztlich läuft es darauf hinaus, dass die Angst uns bestimmte Dinge besonders intensiv wahrnehmen und abspeichern lässt. Das passiert unabhängig davon, ob die Angst gerechtfertigt ist oder nicht. Über die Angst vor Hunden und die Unfähigkeit von jungen Eltern, sich den sonntäglichen *Tatort* anzuschauen, können wir schmunzeln.

Wenn sich eine diffuse Angst jedoch pauschal gegen eine bestimmte Menschengruppe richtet, kann dies schlimme Folgen haben. Wie man in den Wald ruft, so schallt es zurück, sagt der Volksmund. Wer von seinen Nachbarn herzlich gegrüßt wird, der wird wohl auch eher freundlich zurückgrüßen. Aber wie lange kann ein Mensch Ablehnung, Abscheu, ja sogar Beschimpfungen und Angriffen ausgesetzt sein, ohne gleichermaßen mit Ablehnung zu reagieren?

Der politische Umgang mit den Flüchtlingen stellt uns hierzulande also nicht nur vor eine moralische Entscheidung, sondern auch vor eine politische Schicksalsfrage. Wie sie beantwortet wird, wird wesentlich auch darüber entscheiden, wie wir alle in Zukunft leben können und welche sozialen Perspektiven wir selbst haben werden. Entweder rüsten wir endlich die mit Stacheldrahtzäunen und Bewegungsmeldern geschützte Wagenburg Europa ab und beginnen damit, jene Verhältnisse zu verändern, in denen geflüchtete Menschen wie Giftmüll behandelt werden. Oder wir machen weiter wie bisher und nehmen in Kauf, dass Demokratie und Menschlichkeit, ja, wir selbst als demokratische Subjekte dabei irreparable Schäden erleiden. Denn in einer Festung Europa, geschweige denn einer, die sich im Kriegszustand mit geflüchteten Menschen befindet, kann sich keine demokratische Gesellschaft entwickeln.

Denn »mit den Gespenstern der allgemeinen Furcht lässt sich alles mögliche Unrecht rechtfertigen«.[1] Selbst der große Demokrat Thomas Jefferson ließ sich in einem seiner »unrühmlichsten und feigsten Momente durch Angst dazu hinreißen«, sich für die Beibehaltung der Sklaverei in den USA auszusprechen. »Wir haben den Wolf bei den Ohren gepackt«, schrieb er 1820 in einem Brief: »Wir können ihn weder festhalten, noch können wir ihn laufen lassen. Auf der einen Seite steht die Gerechtigkeit, auf der anderen unsere Sicherheit.« Nach Generationen der Sklaverei habe sich eine Wut angestaut, die die weiße Gesellschaft zerstören würde, so Jefferson. Die Sklaverei sei zwar großes Unrecht, doch sie müsse beibehalten werden, »um die Bestie im Zaum zu halten«.[2]

Heute gilt es weitgehend als selbstverständlich, dass die Sklaverei Unrecht war und abgeschafft werden musste. Insofern lesen wir heute mit Erstaunen von der Angst vor ihrer Abschaffung. Womöglich werden nachkommende Generationen mit derselben Verwunderung auf die heutigen Ängste vor einer offenen Gesellschaft blicken.

Rauschen der Angst

Schauen wir uns einmal die wirklichen Ursachen für die wachsende Angst an. Angesichts sozialer Ausgrenzung, ökologischer Katastrophen und postdemokratischer Verhärtung der Institutionen scheinen die Versprechen von Freiheit, Gleichheit und Geschwisterlichkeit unrealistisch. Und die Zukunft sieht immer feindlicher und bedrohlicher aus. Dies führt vielfach zu einer »neuen Angst«, die vor allem als etwas Atmosphärisches, als eine Stimmung, eine bange Beklommenheit daherkommt. Der Soziologe Heinz Bude setzt sich in seinem Buch *Gesellschaft der Angst* mit dieser Entwicklung auseinander. Im Hamsterrad der »Hochproduktivitätsökonomie« drehen auch die Schnellen und Gewitzten, die Ausgeschlafenen und Abgebrühten täglich auf – bis »an den Rand der Erschöpfung«. Statuspanik ist geprägt von Verlustängsten. Das Grundbefinden der Mittelklasse ist inzwischen oft ein Alarmismus im Stand by Modus, eine Verunsicherung unter Niedrigspannung, eine ständige Betriebsbereitschaft des Misstrauens. Und all das soll auf Dauer nicht krank machen? Teile der europäischen Mittelklasse leben längst in einer »Atmosphäre der Angst«, die sich »wie ein leises Rauschen unmerklich, aber unleugbar ausbreitet«.[3] Das Rauschen der Angst ist wie ein Dauertinnitus beständig präsent.

Das kann Demokrat*innen nicht kalt lassen. Denn wenn sich das gesellschaftliche Klima verschärft, wird immer mehr nach unten getreten und nach oben gebuckelt. In dieser Situation ist es umso wichtiger, dass die bisherigen Fehler nicht vertieft werden. Anstatt weiter auf Rückzug und Ausverkauf des Öffentlichen zu setzen oder anstatt weiter Existenz- und Abstiegsängste anzuheizen, muss sich unsere Gesellschaft neu erfinden. Dazu gehören ein universeller Schutz vor Armut und eine Offensive fürs Öffentliche. Beides setzt eine finanziell handlungsfähige öffentliche Hand voraus und bedarf insofern einer Umverteilung, und zwar von privat zu öffentlich sowie von oben zur Mitte – ein Um-fair-teilen. Ein erster Schritt in diese Richtung wäre eine Sozialgarantie – auch um dem wachsenden Rassismus entgegenzuwirken.

Fünf Maßnahmen gegen den wachsenden Rassismus

Es gibt keine Entschuldigung dafür, dass jemand Rassist wird oder sich dem braunen Mob anschließt. Egal ob Millionär oder Hartz-IV-Beziehende, egal ob Banker, Bäckerin oder Bettler – es gibt keine mildernden Umstände für Menschenfeindlichkeit. Jedoch wissen wir, dass eine Gesellschaft, in der Abstiegs- und Existenzängste allgegenwärtig sind, ein fruchtbarer Boden für rassistische Propaganda ist. Der von Neoliberalismus angeheizte Leistungsdruck und die Zunahme von gruppenbezogener Menschenfeindlichkeit begünstigen einander. Und Rassismus ist eine besonders ausgeprägte Form von gruppenbezogener Menschenfeindlichkeit. Oder um es in einem Bild auszudrücken: Wer beständig im Hamsterrad angstgetrieben rennen muss, neigt eher dazu, nach unten zu treten.

Erstens: Sozialgarantie

Gruppenbezogene Menschenfeindlichkeit bezeichnet die Abwertung und Diskriminierung von Menschen allein aufgrund ihrer tatsächlichen oder auch nur zugeschriebenen Angehörigkeit zu Gruppen. Und diese Zuschreibung erfolgt ungeachtet des individuellen Verhaltens. Je nach Konjunktur der Stimmungen richtet sich diese Feindlichkeit mal mehr, mal weniger stark gegen Migrant*innen, Juden und Jüdinnen, Muslime, Obdachlose, Langzeiterwerbslose, Homosexuelle, Menschen mit Behinderungen oder Menschen mit anderer Hautfarbe. Der Begriff der gruppenbezogenen Menschenfeindlichkeit stammt von der Forschungsgruppe um Wilhelm Heitmeyer.[4] Dieses Konfliktforschungsteam führt schon seit vielen Jahren kontinuierlich Studien über die Einstellungen der Deutschen durch. Dabei hat es die Beobachtung gemacht, dass gerade Menschen aus finanziell schwächeren Schichten das starke Bedürfnis haben, sich abzugrenzen. Heitmeyer zufolge hat der Ausgrenzungsdrang eine »besondere Form der Menschenfeindlichkeit«[5] angenommen. Paradoxerweise nahm vor einigen Jahren besonders die Abscheu gegenüber Leuten zu, die als vermeintlich nutzlos galten, etwa Obdachlose oder Langzeiterwerbslose. Diejenigen, die sich von Erwerbslosigkeit bedroht fühlten, richteten ihre Abneigung vor allem gegen die Langzeiterwerbslosen.

Auch eine andere Langzeituntersuchung bestätigt diese Beobachtung. Seit 1990 führt das Sozialwissenschaftliche Forschungszentrum Berlin-Brandenburg Untersuchungen[6] zu Einstellungen in Ost und West durch. Es kam zu dem Ergebnis, dass sich die Einstellungen in Ost und West zwar in den oberen Einkommensgruppen annähern. In den unteren Einkommensgruppen hingegen ist das Ost-West-Verhältnis eher von Konkurrenz geprägt. So richtet sich der Unmut der Armen und Abgehängten in den alten Bundesländern zum Beispiel gegen die Förderung des Ostens.[7] Etwas zugespitzt ließe sich die Fressneidkette wie folgt beschreiben: Armer Wessi sieht im armen Ossi den Neuankömmling, der ihn bedroht. Armer Ossi wiederum richtet seine Unsicherheit gegen Neuankommende aus anderen Ländern. Es ist zum Verzweifeln – anstatt gemeinsam für eine Umverteilung von Superreich zu Arm zu streiten, fällt man eher übereinander her.

Das zeigt zugleich aber auch die argumentative Schwäche von jedwedem Rassismus auf. Denn so gerne Pegida und Co.

über die kulturelle Andersartigkeit von Einwanderern fabulieren, ist das, was den Rassisten wirklich Angst macht, doch etwas ganz Banales: dass nämlich die Bedürfnisse der »Anderen« – nach guter Arbeit, einer vernünftigen Wohnung, Teilnahme am öffentlichen Leben – den eigenen Bedürfnissen in Wahrheit »gefährlich« ähnlich sind. Dementsprechend muss viel ideologischer Aufwand betrieben werden, um die vermeintlich Anderen erst als anders erscheinen zu lassen.

Die Erkenntnis, dass Abstiegs- und Existenzängste gruppenbezogene Menschenfeindlichkeit befeuern, spricht wahrlich niemanden frei. Sie sollte aber beim Kampf gegen Rassismus berücksichtigt werden. Wenn es um den richtigen Umgang mit Rassismus geht, ist oft davon die Rede, man müsse »die Ängste ernst nehmen«. Ich meine, das Motto sollte vielmehr heißen: Man muss die Ängste nehmen. Deshalb teile ich ganz die Auffassung des Thüringer Ministerpräsidenten Bodo Ramelow, der eine Sozialgarantie fordert. Es geht dabei um soziale Grundgewissheiten für alle Menschen. Wer Chauvinismus und Ausgrenzung weiter praktiziert und zum Leitbild erhebt, spielt den Rechten in die Hände. Soziale Garantien und eine solidarische Grundhaltung hingegen entziehen der gruppenbezogenen Menschenfeindlichkeit nach und nach den Boden.

In Anbetracht der Bankenkrise gingen Angela Merkel und Peer Steinbrück gemeinsam an die Öffentlichkeit und sprachen eine Garantie für die Spareinlagen aus. Diese Garantie nahm der Verunsicherung über die Bankenkrise die Spitze. Nun ist es an der Zeit, dass Angela Merkel und ihr jetziger Vizekanzler Sigmar Gabriel zusammen an die Öffentlichkeit treten und belastbar Sozial- und Rentenkürzungen ausschließen. Solch eine Sozialgarantie kann helfen, Rassismus, Pegida, AfD und Co. das Wasser abzugraben. Natürlich wird eine Sozialgarantie nicht rassistische Überzeugungen über Nacht verschwinden lassen. Allerdings befördern soziale Garantien eine gesellschaftliche Stimmung, in der es Menschenfeinde schwerer haben.

Angesichts des wachsenden Rassismus der Straße braucht es darüber hinaus weitere Maßnahmen wider die rassistische Ideologie und für Weltoffenheit. Und dies beginnt damit, Begegnungen zu ermöglichen.

Zweitens: Begegnungen organisieren

Keine Regierung und kein Sonderprogramm sind in der Lage, Rassismus komplett abzuschaffen. Aber die politisch Verantwortlichen können Willkommenskultur vorleben. Hier ist die neue Landesregierung in Thüringen ein gutes Beispiel. Vom ersten Tag an hat Ministerpräsident Bodo Ramelow einen anderen Umgang mit Geflüchteten gewählt. Sie wurden nicht als potentielle Last bezeichnet, sondern als Neubürger*innen begrüßt, auf die man sich freut. Darüber hinaus heißt Willkommenskultur auch ganz praktisch, Gelegenheiten zur Begegnung schaffen. Denn jeder, der Willkommenskultur praktiziert, Flüchtlingen begegnet und davon anderen berichtet, trägt dazu bei, dass aus einer vermeintlichen anonymen Masse konkrete Menschen werden mit Gesichtern und Geschichten.

Und Willkommenskultur kann ganz unterschiedlich aussehen. Seien es Begegnungen, wie sie das Umweltzentrum Dresden mit den ABC-Tischen organisiert, an denen Dresdner*innen mit Geflüchteten ins Gespräch kommen und dabei Deutsch unterrichten. Sei es bei Fußballspielen und in Sportvereinen, die Flüchtlingsmannschaften aufbauen wie der SV Babelsberg. Oder auch Begegnungen in Kleingartenvereinen, wo man sich beim gemeinsamen Ernten und Jäten näherkommt. Hier ist die Politik in der Pflicht, diese Ansätze nicht nur zu loben, sondern auch praktisch zu unterstützen.

In diesem Kontext sollte auch die Selbstorganisation von Flüchtlingen, die sich nicht länger als bloße Objekte staatlicher Regulierung begreifen, sondern ihre Interessen selbst in die Hand nehmen, unterstützt werden. Dazu müssen die immer noch diskriminierenden Sondergesetze wie die Residenzpflicht aufgehoben und öffentliche Räume zur Verfügung gestellt werden.

Um Begegnungen auch räumlich zu fördern, ist die Zeit der Erstaufnahme in Sammelunterkünften so kurz wie möglich zu halten. Dezentrale Unterbringung begünstigt Begegnungen zwischen Einheimischen und Menschen, die ihre Heimat verlassen mussten. Und Begegnungen befördern Respekt und Sympathie. Es ist die gemeinsame Aufgabe von Ländern, Kommunen, Bund, Wohnungsgenossenschaften, ausreichend Wohnraum für alle Menschen mit geringen Einkommen sicherzustellen. Flüchtlinge müssen schnell Zugang zur Gesellschaft bekommen, um ein Teil von ihr werden zu können.

Drittens: Feuerlöscher statt Brandsätze

Begegnungen und Sozialgarantie können den Zulauf zu Pegida, AfD und Neonazi-Strukturen eindämmen. Aber keine Maßnahme wird Rassismus über Nacht abschaffen. Dafür ist diese Ideologie leider zu sehr in der Gesellschaft verankert. Das Engagement gegen Rassismus und gegen Neonazitum wird einen langen Atem brauchen. Zivilgesellschaftliche Arbeit gegen rechts muss also langfristig unterstützt werden! Die Erfahrungen der letzten Jahre zeigen: Das beste Mittel gegen rechte Gewalt ist eine aktive Zivilgesellschaft, die den Nazis selbstorganisiert die Räume nimmt, über ihre Strukturen und Ideologie aufklärt und eigene Angebote schafft. Doch viele Initiativen gegen Rassismus leiden immer noch unter einer fehlenden langfristigen finanziellen Perspektive für ihre Arbeit.

Diese Unterfinanzierung macht es dem braunen Mob gerade in ländlichen Gebieten leicht, in die immer wieder entstehenden Lücken zu stoßen. Den braunen Strukturen, zum Beispiel den rechten Kameradschaften, die Rekrutierung neuer Mitglieder so schwer wie möglich zu machen, erfordert Ausdauer. Es bedarf des langfristigen Einsatzes, um alternative Angebote zu verfestigten rechten Dominanzkulturen zu etablieren. Zudem müssen die Beratungsangebote für Menschen, die von rechten Schlägern bedroht werden, flächendeckend ausgebaut werden. Insofern sollten die Gelder für antifaschistische Jugendarbeit in kontinuierliche Projekte fließen, die auf diese Arbeit spezialisiert sind. Das wäre ein wirklicher Beitrag zum Verfassungsschutz im Wortsinn. Der gleichnamige Inlandsgeheimdienst hat sich stattdessen in den vergangenen Jahren darauf verlegt, mit Millionenbeträgen Spitzel anzuwerben, und bestenfalls gehofft, auf diese Weise die Nazi-Szene kontrollieren zu können. V-Leute wie der Chef des Thüringer Heimatschutzes, Tino Brandt, haben diese Zuwendungen hingegen als dauerhafte Projektförderung verstanden und umgehend in den Aufbau ihrer Organisation gesteckt.[8] Mit den 300 000 Euro, die ein einzelner V-Mann wie Thomas Richter über die Jahre erhalten hat, ließe sich eine komplette Opferberatungsstelle ein Jahr lang finanzieren.[9]

Als »Brandstiftereffekt« charakterisierte das Bundeskriminalamt (BKA) einst das Wirken der Geheimdienste im Nazi-Milieu.[10] Wenn man bedenkt, dass beim Thüringer Heimatschutz zeitweilig jeder vierte[11] und bei der NPD jeder siebte Funktionär[12] ein steuerfreies Zubrot verdiente, erscheint dies nicht als Übertreibung. Wenn die Geheimdienstmilliarden nicht mehr in die braunen Kassen extrem rechter Erlebnispädagogik gesteckt, sondern in demokratische Jugendprojekte investiert würden, hätte dies umgekehrt einen »Feuerlöschereffekt«.

Wer nun wie die SPD-Fraktion im Bundestag aus durchaus ehrenwerten Motiven meint, in Zeiten von Pegida auf die Erkenntnisse von Geheimdiensten nicht verzichten zu können,[13] der sei an das NSU-Debakel erinnert. Fast immer wusste die ehrenamtliche Antifa besser Bescheid.[14] Das am wenigsten gelesene Buchprojekt Deutschlands, der aus den immer gleichen Textbausteinen bestehende »Verfassungsschutzbericht«, ist ein papiergewordenes Mahnmal dafür, dass wir die Demokratie nicht dieser Behörde überlassen sollten. Konsequent wurde in der Vergangenheit Rechtsterrorismus ausgeschlossen, und stattdessen wurden soziale Bewegungen, ziviler Ungehorsam und Forderungen nach Demokratisierung als verfassungsfeindlich verunglimpft.

Viertens: Aufstand der Zuständigen

Es gibt jedoch durchaus auch Bereiche, wo der Staat deutlich aktiver werden muss. Leider gehen die neue Unverhohlenheit der Neonazis und die Brutalisierung der Rassisten einher mit einem breiten Staatsversagen. Und damit spreche ich nicht nur das Verhalten der Polizei in Heidenau an. Es ist auffällig, was die Polizei bei Pegida-Aufmärschen alles durchgehen lässt, ohne einzugreifen. Da werden Galgen getragen, und ein Redner darf bedauern, dass die KZs nicht mehr in Betrieb sind. Nur um das mal ins Verhältnis zu setzen: Als meine Fraktionskollegin Nicole Gohlke auf einer kurdischen Solidaritätskundgebung nur zehn Sekunden die Fahne der linken PKK (Partîya Karkerén Kurdîstan/ Arbeiterpartei Kurdistans) hielt, schritt die Polizei sofort ein und leitete ein Verfahren gegen sie ein.[1]

Dieses energische Einschreiten der Polizei bei einer Solidaritätskundgebung steht in einem krassen Widerspruch zu ihrer geradezu fahrlässig laxen Begleitung der Pegida-Aufmärsche. Inzwischen entstehen um die Aufmärsche von Pegida und deren -gida-Ablegern in anderen Orten wirkliche Angsträume. Menschen, die anders aussehen – und das ganz unabhängig davon, ob es sich dabei um einen nicht-deutschen Dozenten an der Uni oder um einen schutzsuchenden Geflüchteten aus Syrien handelt –, sehen sich einer Bedrohung im Umfeld solcher Aufmärsche ausgesetzt. Das Gleiche gilt für Menschen, die als links bekannt sind. Der Thüringer Bundestagsabgeordneten Martina Renner, die viel zur Aufklärung über den braunen Terror beigetragen hat, wurde von der Polizei vor dem Thüringer Landtag mitgeteilt, sie müsse jetzt gehen, da ihr Gesicht ja bekannt sei und bald die AfD-Demo komme und man nicht für ihre Sicherheit garantieren könne. Abgeordnete sollen also von öffentlichen Plätzen fliehen, weil die Polizei nicht willens ist, sie vor Angriffen zu schützen.

Auch die geringen Aufklärungsquoten bei Brandanschlägen auf Flüchtlingsunterkünfte sind bezeichnend.[16] Ende Oktober 2015 fanden mehrere gewalttätige Übergriffe auf Geflüchtete statt. Gruppen von Neonazis bewaffneten sich in Magdeburg und Wismar mit Baseballschlägern und gingen damit auf Menschen los, die sie als Nicht-Deutsche einordneten. Mindestens fünfzig Schläger waren daran beteiligt. Es kam aber lediglich zu zwei Festnahmen. Sicherlich rächt sich hier auch der Personalabbau bei der Polizei. Nach Angaben der Gewerkschaft der Polizei wurden in den letzten 18 Jahren circa 16000 Stellen beim Bund und in den Ländern abgebaut. Weniger Polizei bedeutet auch weniger Personal, das Flüchtlingsunterkünfte beobachten kann, um rassistische Anschläge zu vereiteln. Und auch dieser Personalabbau geschah im Zeichen der Schuldenbremse. Doch darüber hinaus stellt sich die Frage der Prioritätensetzung bei der Einsatzplanung der Polizei.

Die Verantwortlichen in Verwaltung und Politik dürfen nicht mehr die Augen vor der Tatsache verschließen, dass wir es mit einer neuen Eskalationsstufe rassistischer Gewalt und einer neuen Formierung von braunem Terror zu tun haben. Polizei und Staatsanwaltschaft sollten der Verhinderung und Aufklärung in diesem Bereich oberste Priorität einräumen. Schließlich geht eine besonders große Gefahr für Leib und Leben von Menschen sowie für das Gemeinwesen aus. Wir ahnen, dass die personellen und damit die zeitlichen Ressourcen bei Polizei und Justiz begrenzt sind. Insofern geht es nicht an, dass deren Zeitressourcen für Bagatellfälle verschwendet werden. So sind beispielsweise die Gefängnisse mit nicht wenigen Schwarzfahrern belegt. Das ist schlichtweg unverhältnismäßig.

Die Zivilgesellschaft hat immer wieder Flagge gezeigt gegen Rassismus und gegen Neonazis. Nun, nach dem Aufstand der Anständigen, ist es höchste Zeit für einen Aufstand der Zuständigen. Was es jedoch sicher nicht braucht, sind weitere Verschärfungen der Sicherheitsgesetze oder Einschränkungen von Grundrechten wie der Versammlungsfreiheit. Diese treffen, auch das ist in Sachsen gut zu beobachten, nämlich am Ende die Falschen. Gegen die rassistische Gewalt, gegen den neuen braunen Terrorismus gilt es vorzugehen – aber mit den bestehenden Mitteln des Strafrechts und des Rechtstaats. Und im Übrigen ist es immer noch am wirkungsvollsten zu verhindern, dass junge Menschen Neonazis oder Rechtspopulist*innen auf den Leim gehen.

Fünftens: Zivilcourage in Lehrpläne

Es gilt, alles zu unternehmen, damit Menschenverachtung, Rassismus und Nazi-Propaganda erst gar nicht in die Köpfe und Herzen von Kindern einziehen. Insofern haben die Schulen eine wichtige Schlüsselfunktion. Doch wie gut sind die Schulen und die Lehrkräfte aufgestellt für diese zentrale Aufgabe? Kommen Neue in die Klasse, kommt es schon mal zu Reibungen – übrigens ganz unabhängig davon, welcher Nationalität diese sind. Auch auf dem Schulhof bilden sich nun mal Grüppchen von Kindern und Jugendlichen, die sich mögen oder eben skeptisch beäugen.

Das ist an sich erst mal nichts Schlimmes. Problematisch wird es jedoch, wenn aus dem Beäugen der Neuen in der Klasse eine verfestigte Abneigung gegenüber vermeintlich Fremden wird. Das kann verhindert werden. Das Ankommen von neuen Flüchtlingskindern in Schulen muss von den Lehrenden entsprechend begleitet werden. Dazu brauchen sie Zeit. Die Einstellung von mehr Personal in Schulen ist also jetzt dringend geboten. Aus einigen Gesprächen mit Dresdner Eltern weiß ich, dass die Lehrer*innen sehr unterschiedlich mit der gesellschaftlichen Debatte in Dresden infolge der Pegida-Aufmärsche umgegangen sind. Einige haben sich opportunistisch weggeduckt und hinter der allgemeinen Ausrede, Politik habe in der Schule nichts zu suchen, versteckt. Andere haben beherzt das Thema aufgegriffen und Stellung gegen Rassismus bezogen.

Nicht nur in solch einer zugespitzten Situation wie in Dresden hätte das zuständige Ministerium Lehrende ermuntern sollen, der Ausbreitung von Rassismus entgegenzuwirken. Schon vor einigen Jahren habe ich angeregt, in allen Bundesländern gezielte Weiterbildungsangebote bereitzustellen, um Lehrkräfte auch in den Klassenräumen für die Auseinandersetzung mit den neuen Entwicklungen in der Neonazi-Szene zu wappnen und den Aufschwung des Rechtspopulismus einzudämmen.[17]

Doch leider ist man im sächsischen Bildungsministerium der Meinung, in keiner Weise auf die gesellschaftlichen Zuspitzungen reagieren zu müssen. Das belegt eine Antwort der Landesregierung auf einen Antrag der LINKEN.[18] Dieser regt in Reaktion auf die Debatten um Pegida mehr Demokratie in den Schulen an. In ihrer Stellungnahme führt die zuständige Ministerin aus, dass das, was bisher läuft, ausreichend sei.

Dabei bräuchte es jetzt verstärkter Bemühungen für Demokratie in den Schulen und keinen Dienst nach Vorschrift. Hilfreich wäre dafür Argumentationsmaterial, das einzelne Behauptungen der rassistischen Propaganda auf der Faktebene auseinandernimmt. Beispielsweise die Unterstellung, die Asylbewerber*innen seien schuld an Armut und Erwerbslosigkeit. Nun kann ich diese Unterscheidung in DIE und WIR anhand des Geburtsorts nicht teilen. Doch um die Stichhaltigkeit des Arguments zu prüfen, lassen wir uns einmal auf diese Logik ein. Wenn das stimmen würde, müsste in Zeiten sinkender Asylanträge Armut und Erwerbslosigkeit in Deutschland abnehmen. Aber ist das so? Schauen wir uns mal ein Beispiel an: 1992 wurden etwa 440 000 Asylanträge in Deutschland registriert. 2007 waren es nicht mal 20 000 Anträge.

Hat sich die Situation der Menschen in Deutschland in diesem Zeitraum zum Besseren verändert, nur weil es drastisch weniger Asylsuchende gab? Offensichtlich nicht, denn die Zahl der Erwerbslosen stieg im selben Zeitraum von 3 Millionen auf 3,75 Millionen. Das Armutsrisiko stieg von 12 Prozent auf über 16 Prozent. Also selbst wenn wir uns für die unmenschlichste aller Politiken entscheiden und keinen Schutzsuchenden aufnehmen würden, gäbe es keine Sicherheit, dass es mehr gute Arbeit und weniger Armut geben würde.

Es geht jedoch um mehr als um Widerlegung auf der Faktenebene, es geht auch darum, welche Handlungen und Positionen eine Ermutigung erfahren. Welche Wirkung hat es auf andere Kinder, wenn in der Schule Kleidung mit neofaschistischer Symbolik getragen wird und die Lehrkräfte dies nicht einmal erkennen – im Gegensatz zu den Jugendlichen, die diese Zeichen sehr wohl zu deuten wissen? Welche Wirkung hat es auf andere Kinder, wenn Schüler*innen in den Pausen Nazi-Musik hören und keiner einschreitet, weil für die Ohren der meisten Erwachsenen alle moderne Musik schrecklich klingt? Daher gilt es, schnellstens in den Schulen aufzuklären, Kontakte mit Flüchtlingskindern zu schaffen und Schulkindern zu vermitteln, warum Menschen flüchten, am besten aus erster Hand. Kinder sollen ihre Ängste, ihre Hoffnungen und ihre schlimmen Erlebnisse mitteilen können. Wer früh lernt, dass Angst und Hass schlechte Berater sind und dass »die Anderen« einem doch eigentlich ziemlich ähnlich sind, der vergisst das womöglich nie wieder.

Zivilcourage muss in die Lehrpläne. Dieser Ansatz kann in bestehende Fächer einfließen oder als ein Demokratie- und Neubürgerunterricht neu eingeführt werden. Dieser darf nicht eine inhaltsleere Staatsbürger*innenkunde über das politische System und die aktuelle Weltwirtschaftsordnung sein, sondern sollte vielmehr dessen reale Widersprüche und Ungerechtigkeit zum Ausgangspunkt einer kritischen Auseinandersetzung nehmen. Die Demokratisierung der Schule könnte damit beginnen.

Und gelebte Demokratie ist langfristig immer noch das beste Mittel gegen Autoritarismus, Rassismus und gruppenbezogene Menschenfeindlichkeit.

Zeit für Um-fair-teilen und mehr Personal in Bildung

Eine gute Versorgung und vor allem eine gute Integration[19] von Geflüchteten kosten Geld. Dieses Geld aufzubringen ist in einem reichen Land wie Deutschland machbar, denn dieses Land hat kein Ausgabenproblem, sondern lediglich ein Einnahmenproblem. Die Regierenden werden sich aber entscheiden müssen: Entweder sie geben ihre Aversion gegen Umverteilung von oben nach unten und ihr libidinöses Verhältnis zur schwarzen Null – auch bekannt als Schuldenbremse – auf; oder sie nehmen in Kauf, dass sich womöglich die Verteilungskämpfe zwischen denen, die wenig bis nichts haben, verschärfen. Letzteres wäre – auch wenn es keine Entschuldigung dafür gibt, Rassist zu sein – faktisch ein wirkliches Rekrutierungsprogramm für Neonazis, Rechtspopulist*innen und Rassist*innen.

Noch hat sich diese Erkenntnis bei Entscheider*innen in Wirtschaft und Politik nur bedingt rumgesprochen. Davon zeugen die Haushaltsdebatten im Bundestag und die Empörung gerade aus den Reihen der Union, wenn auch nur vorsichtig die Notwendigkeit, mehr Geld in die Hand zu nehmen, angesprochen wird. So bezeichnete beispielsweise der Haushaltsexperte der CDU, Eckhardt Rehberg, den Vorschlag, ein Investitionsprogramm zur Integration der Flüchtlinge aufzulegen, als »völlig überzogen und offensichtlich auch parteitaktisch motiviert«.

Mehr Personal in Bildung

Und auch in Wirtschaftskreisen frohlockt man womöglich über neue Arbeitskräfte, will aber von Umverteilung, um die gesellschaftlichen Aufgaben zu stemmen, nichts wissen. Das konnte ich auf dem Wirtschaftstag der Raiffeisenbanken in Lübeck Ende September 2015 erleben, dessen Podiumsdiskussion ganz im Zeichen von 25 Jahren deutsche Einheit stand. Vor der Podiumsdiskussion stehen Männer und auch einige Frauen im feinen Zwirn an Stehtischen, Gläser klirren, dann zieht man um in den Saal. Das Licht ist gedämmt. Auf der Bühne stehen mehrere große Monitore, die Bilder von Schlagbäumen zeigen, die nach oben gehen, und von Menschen, die die Mauer überwinden. Beseelt von diesen historischen Szenen, verbreitet sich in der ausgebuchten Kongresshalle in Lübeck ein wohliges Wir-Gefühl.

Im zweiten Teil der Talkrunde zur deutschen Inventur geht es um das Thema Flüchtlinge. Und der SPD-Politiker Klaus von Dohnanyi erzählt begeistert von den glänzenden Augen der Menschen, die an Bahnhöfe zogen, um die Flüchtlinge willkommen zu heißen. Die beseelte Stimmung ist jedoch nicht von Dauer. Als ich darauf hinweise, dass wir Geld in die Hand nehmen müssen, damit zum Beispiel die Flüchtlingskinder in den Schulen eine gute Förderung und Deutschunterricht erhalten, ohne dass es komplett auf dem Rücken der Lehrer*innen ausgetragen wird, kippt die Stimmung. Wenn es an die Umverteilung geht, ist plötzlich vom Wir-Gefühl nicht mehr viel übrig.

Das ist ärgerlich, denn den Geflüchteten ein gutes Ankommen, einen guten Start in der neuen Gesellschaft zu ermöglichen erfordert Zeit und somit Personal. Die ersten Begegnungen mit den neuen Schüler*innen, die gerade eine womöglich traumatische Flucht hinter sich haben, sollten in den Schulen Verständnis und Neugierde aufeinander wecken. Dafür ist es sehr hilfreich, wenn die Lehrenden auch genügend Zeit für die einzelnen Schüler*innen haben. Und nicht nur in den Schulen und

Kitas müssen die Begegnungen begleitet werden – auch in Jugendclubs und Sportvereinen. Es gibt unter den Flüchtenden auch viele unbegleitete Minderjährige: Jugendliche, die womöglich für immer von ihren Eltern getrennt sind. Sie brauchen ein neues Zuhause und professionelle Hilfe, um ihre bisherigen Verluste im Leben zu verarbeiten. Es braucht also mehr Pädagog*innen und Therapeut*innen. Mehr Personal im Bildungsbereich – das ist auch das beste Präventionsprogramm gegen Fundamentalismus. Wer bei seiner Ankunft auf liebevolle Unterstützung trifft, ist eher immun gegen fundamentalistische Propaganda als jemand, dessen Ich-Stärke durch beständige Ablehnung und Missverständnisse zerstört wurde.

Die neue Dringlichkeit der Umverteilung

Angesichts dieser Herausforderungen stellt sich die Umverteilungsfrage mit neuer Dringlichkeit. Die vielen, die in großer Not hierher fliehen, unterstreichen letztlich die Dringlichkeit von Fragen, die sowieso anstehen. Es ist an der Zeit, große Vermögen und große Erbschaften stärker zu besteuern, auch um deutlich zu machen, es wird nicht zu Sozial- oder Rentenkürzungen kommen. Nun dauert es einige Monate, ein entsprechendes Gesetz zu verabschieden und danach entsprechende Einnahmen zu generieren. Wir brauchen also auch eine kurzfristige Lösung mindestens zur Überbrückung, und die gibt es, ohne dass bei Leistungen für Menschen mit niedrigen und mittleren Einkommen gekürzt werden muss: Das Grundgesetz sieht vor, dass das Verbot zur Kreditaufnahme im Fall besonderer Herausforderungen ausgesetzt werden kann. Es muss allerdings dann ein jeweiliger Schuldentilgungsplan gleich mit verabschiedet werden. Im Klartext: Wir müssten noch nicht mal das Grundgesetz ändern, um jetzt Kredite für wichtige Investitionen aufzunehmen. Und für den Tilgungsplan gibt es bereits einen Vorschlag: Millionärssteuer.

Wie dringend mehr Steuergerechtigkeit ist, zeigt auch die finanzielle Situation der Kommunen. Sie tragen einen großen Teil der Kosten. So kommt der Gemeindefinanzbericht 2015[20] zu der Prognose, dass je nach unterstellten Flüchtlingszahlen im Jahr 2016 Ausgaben zwischen 7 und 16 Milliarden Euro in Kommunen und Länder anfallen werden. Es versteht sich, dass der Bund die Kommunen mit den Aufgaben nicht im Regen stehen lassen darf. Ich meine, die Erstaufnahme Geflüchteter ist insofern komplett vom Bund zu tragen. Das Geld dafür ist vorhanden, wenn der Bund sich endlich zu einer ordentlichen Besteuerung von Reichtum durchringt. Der Bund ist daher in der Pflicht, seine finanziellen Spielräume an die Länder weiterzugeben. Auf mittlere Sicht muss der Bund die Kosten für die Unterbringung von Flüchtlingen vollständig übernehmen.

Die (Leucht-)Kraft des Gemeinsamen: Öffentliche Infrastruktur

Mit den steigenden Flüchtlingszahlen werden Probleme deutlich, die die Flüchtenden überhaupt nicht zu verantworten haben. Problematische Entwicklungen, die bereits seit einiger Zeit in unserer Gesellschaft bestanden, treten nun lediglich besonders deutlich hervor. Eins davon ist der Ausverkauf der öffentlichen Infrastruktur und Einrichtungen.

72 829 Fußballfelder

So gibt es seit längerem den Druck zu Privatisierungen und zum Verkauf von öffentlichen Liegenschaften. Seit langem ist klar, dass mit jedem verkauften Quadratmeter, mit jedem privatisierten Unternehmen die Gestaltungsspielräume der öffentlichen Hand abnehmen – Privatisierungen also auch Demokratie beschränken.[21] Dies wurde besonders deutlich, als sich die Landespolitik auf die Suche nach Liegenschaften für die Unterbringung von Geflüchteten machte. Plötzlich wurden händeringend alle öffentlichen Liegenschaften abgeklappert. Spätestens jetzt rächte sich der seit Jahren betriebene Ausverkauf der öffentlichen Hand. Ich habe im Bundestag nachgefragt, wie viele Quadratmeter an Liegenschaften seit 2000 aus Bundesbesitz verkauft wurden. Allein auf Bundesebene wurden in den vergangenen 15 Jahren 52 000 Hektar veräußert.[22] Hinzu kommen die nicht vom Bund erfassten verkauften Liegenschaften von Ländern und Kommunen. Nur zum Vergleich: 52 000 Hektar entsprechen 72 829 Fußballfeldern (nach Fifa-Standard).

Was könnte die öffentliche Hand nicht alles an guten Maßnahmen mithilfe dieser Flächen, dieser Liegenschaften in die Wege leiten, wenn sie noch darüber verfügen könnte. Der Druck zum Ausverkauf des öffentlichen Eigentums war immer schon falsch. Die logistischen Herausforderungen, vor die die steigenden Flüchtlingszahlen nun die Kommunen stellen, offenbaren diesen Fehler mit besonderer Deutlichkeit. An diesem Fehler sind aber nicht die Geflüchteten schuld, sondern diejenigen Politiker*innen, die die neoliberale Ideologie jahrelang umgesetzt haben.

Die Immobilien und Liegenschaften, die jetzt noch in der Hand des Bundes sind, sollte die Bundesregierung umgehend und unentgeltlich den Kommunen für Wohnzwecke zur Verfügung stellen, statt auf Höchstpreise zu warten und weiterhin massiven Leerstand zu akzeptieren. Dies kann die Kommunen ganz praktisch entlasten.

Architektur der Abschreckung und Willkommensarchitektur

Eine Gruppe von Architekt*innen von der Universität Hannover hat sich damit beschäftigt, wie sich bauliche Anordnungen auf eine mögliche gesellschaftliche Integration auswirken. Angesichts von Zeltstädten, Sammelunterkünften mit wenigen Toiletten und Berichten über Kommunen, die aus Mangel an Plätzen gar keine Flüchtlinge mehr aufnehmen, mag dies als ungeheurer Luxus erscheinen. Doch in Anbetracht der großen Aufgabe der gesellschaftlichen Inklusion ist es womöglich unerlässlich, sich auch solchen Fragen zu stellen.

Eine Erkenntnis dieser Gruppe lautet: Es gibt Architektur und bauliche Lösungen, die die Ausgrenzung von Flüchtlingen verstärken. Denn:»Bauliche Fremdkörper bauen Grenzen und Ängste in der Bevölkerung auf.«Wenn also Geflüchtete in extra eingegrenzten Unterbringungen leben müssen, verstärkt das auf beiden Seiten das Gefühl von Fremdheit. Keine gute Voraussetzung für das zukünftige Zusammenleben. Neben der Architektur der Abschreckung gibt es jedoch auch eine Willkommensarchitektur. Ein solcher städtebaulicher Ansatz geht davon aus, die Schutzsuchenden in kleinen Gruppen im Stadtgefüge zu integrieren, an Orten,»wo Mobilität als auch gesellschaftliche Kontaktmöglichkeiten gewährleistet«sind. So könne man»von einer räumlichen zu einer gesellschaftlichen Integration gelangen«.[23]

Und es gibt Alternativen zu Zeltstädten. Um in kurzer Zeit genügend integrierenden Wohnraum zu schaffen, schlägt Simon Takasaki, einer der Autoren des Buches *Refugees welcome – Konzepte für menschenwürdige Architektur*[1] drei konkrete Maßnahmen vor: erstens Lockerung der Traufhöhenbegrenzung als ein Mittel zur Nachverdichtung. Wenn – so die Idee dahinter – die Flachdächer Aufbauten bekommen, entsteht neuer Wohnraum. Zweitens sollte das Wohnverbot in Schrebergärten gelockert werden. So könnten Schrebergärten zumindest vorübergehend als Wohnort, der zudem noch gärtnerische Betätigung ermöglicht, genutzt werden. Drittens gilt es, Leerstand zu nutzen.

In der Tat gibt es nicht nur im ostdeutschen ländlichen Raum Leerstand, der genutzt werden kann. Vor diesem Hintergrund gehören auch die laufenden Rückbauprogramme auf den Prüfstand. Infolge der Abwanderung und der demographischen Entwicklung litten viele Wohnungsunternehmen unter Leerstand. Dieser trieb die Nebenkosten in die Höhe und schaffte in einigen der Hochhäuser und Plattenbauten gelegentlich ein Gefühl gespenstischer Halbleere. Vor einigen Jahren erschien es also noch richtig, auf Rückbau zu setzen. Dazu gab es Förderprogramme, die diese Reduktion von Wohnraum mit Steuergeldern unterstützten. Nun wird nicht jeder leerstehende oder halbleere Plattenbau perfekt geeignet sein im Sinne einer Willkommensarchitektur. Aber zumindest sollte jede geplante Rückbaumaßnahme noch einmal überprüft werden.

In vielen Landkreisen jedoch – davon berichteten mir verschiedene Kommunalpolitiker*innen – läuft der Abriss einfach weiter so nach dem Motto: Nun ist das Geld einmal dafür bewilligt. Angesichts von Zeltstädten und angesichts von steigenden Flüchtlingszahlen ist solch ein Dienst nach Vorschrift wirklich fahrlässig.

In Zeiten des Wohnungsmangels ist es zudem nicht hinnehmbar, dass mit Wohnungsleerstand spekuliert wird. Circa 1,7 Millionen Wohnungen stehen bundesweit leer, weil die Eigentümer damit spekulieren. In Hamburg und Sachsen wurde vor diesem Hintergrund die Möglichkeit der Beschlagnahmung von Leerstand ins Gespräch gebracht. Die bestehenden Gesetze lassen vorübergehende Beschlagnahmungen zu, um zum Beispiel Wohnungslosigkeit zu vermeiden. Beschlagnahmung heißt keine dauerhafte Enteignung, sondern lediglich die Nutzung der Gebäude zu ihrem eigentlichen Zweck: wohnen. Die Eigentümer*innen bekommen dafür selbstverständlich eine Entschädigung entsprechend der üblichen Vergleichsmiete. Das Einzige, was mit solch einer Maßnahme unterbunden wird, ist die Spekulation mit Wohnraum, die darauf abzielt, Wohnungen leer stehen zu lassen, nur damit später besonders hohe Preise anfallen.

Infrastruktursozialismus

Nicht nur im Bereich der Liegenschaften und der Wohnungsbaupolitik braucht es eine Offensive für öffentliche Investitionen. Es gibt Dienstleistungen und Güter, die elementar sind für das Überleben, etwa der Zugang zu Wasser und Gesundheitsversorgung, oder die elementar sind für die Teilhabe an Gesellschaft und Demokratie, etwa Bildung und Mobilität. Der Zugang zu diesen elementaren Gütern darf nicht nach den Spielregeln des Profits organisiert werden. Sie sind insofern dem Markt, der allein nach Profitkriterien funktioniert, zu entziehen und allen möglichst barrierefrei bereitzustellen. Barrierefreiheit meint den Abbau der verschiedenen Barrieren, sei es die fehlende Zugänglichkeit für Menschen mit Behinderungen oder für Menschen mit niedrigen Einkommen. Dabei müssen bauliche wie finanzielle Barrieren abgebaut werden. Die Redaktion des Onlinemagazins *prager frühling*[25] hat diesbezüglich vor einiger Zeit den Begriff des »Infrastruktursozialismus« ins Gespräch gebracht. Damit ist eine visionäre Entwicklung gemeint, die dem aktuellen Trend entgegenwirken soll, dass soziale Beziehungen zunehmend in Warenform gepresst werden. Öffentliche Räume, die für alle zugänglich sind, frei von Barrieren (ob finanzielle oder aufenthaltsrechtliche), sind eine wichtige Voraussetzung für Begegnungen, für Austausch und Dialog. Kurzum eine wichtige Voraussetzung für gelebte Demokratie. Hier zeigt sich die »Leuchtkraft, die nur das Öffentliche spenden kann«.[26]

Eine konkrete Form des Infrastruktursozialismus ist beispielsweise der kostenfreie Bus- und Bahnverkehr. Der Vorteil liegt auf der Hand: Die Mobilitätsform, die umweltfreundlich ist, die Begegnungen im öffentlichen Raum ermöglicht, wird von staatlicher Seite gefördert. Sie bekommt einen deutlichen Wettbewerbsvorteil gegenüber dem mehr Abgase produzierenden Autoverkehr. Zudem stellt sich bei öffentlichen Güter, die für alle frei zugänglich sind, nicht die Frage nach der Abgrenzung. Egal ob man knapp unter oder knapp über einer Bemessungsgrenze liegt und unabhängig davon, welchen Pass man besitzt beziehungsweise wie der aktuelle Aufenthaltstitel ausfällt, jede und jeder kann den Bus nutzen. Wenn öffentliche Güter für alle frei zugänglich sind, gibt es keinen Grund für Neid gegenüber anderen. Schließlich kommen alle gleichermaßen in deren Genuss.

Neben der Mobilität ist das Gesundheitswesen eine besonders wichtige öffentliche Dienstleistung. Dank des meist ehrenamtlichen Einsatzes von Ärzt*innen gibt es zwar ein notdürftiges Angebot an medizinischer Versorgung von Geflüchteten in Erstaufnahmeeinrichtungen. Doch das wird dem großen Bedarf nicht gerecht. Ein anonymer Krankenschein[27] könnte auch Menschen ohne Papiere beziehungsweise Illegalisierten gleichberechtigten Zugang zu der bestehenden Gesundheitsversorgung ermöglichen.[28]

Das Morgen im Heute: Eine Ökonomie des Gemeinsamen

In den letzten Jahren haben kreative Initiativen, soziale Bewegungen und technologische Innovationen zusammen etwas Bemerkenswertes geschaffen: neue Formen des Wirtschaftens, Kommunizierens und Lebens, häufig unterhalb des Radars der medialen Aufmerksamkeitsökonomie. Vom Internetlexikon Wikipedia über Nachbarschaftsgärten bis zur Share Economy im Stadtteil beruhen sie alle auf dem Prinzip der offenen kooperativen Form einer Produktion von Gütern, Informationen und flachen Hierarchien. Nicht aus bloßem Idealismus, sondern weil die Einschränkung ihrer Zugänglichkeit, ihre Einzwängung in ein bürokratisches Gehäuse der Hörigkeit ihre Produktivität hemmt. Damit haben diese Gemeingüter einen Trend aufgebrochen, der jahrzehntelang nur eine Richtung kannte: mehr Markt, weniger soziale Rechte.

Die Konkurrenz um immer höhere Produktivität hat die technologische Entwicklung zu einem Punkt getrieben, wo die quantitative Steigerung in einen qualitativen Sprung umschlagen könnte. Was in der deutschen Debatte mit Begriffen wie »Wissensgesellschaft« und »Industrie 4.0« häufig einen bloß technokratischen Beiklang hat, ist in Wahrheit weit mehr: der Beginn eines »zweiten Maschinenzeitalters«. So beschreiben die Arbeitsforscher Erik Brynjolfsson und Andrew McAfee vom renommierten Massachusetts Institute of Technology (MIT) das Zeitalter, in dem digitale Vernetzung der Produktion einen Überfluss an gemeinsamen Möglichkeiten bereitstellen kann. Da in der freien Verfügbarkeit von Informationen und der horizontalen Zugänglichkeit sozialer Netzwerke die Produktivität dieser Gemeingüter liegt, drängen sie gewissermaßen selbst von der digitalen zur analogen Solidarität. 3D-Drucker und Internettauschbörsen sind insofern nur die Vorboten einer möglichen Zukunft, in der private Arbeit tatsächlich zu einem allgemeinen Wohlstand beiträgt, der nicht auf autoritärer Vereinheitlichung, sondern sozialer Vielfalt beruht.

In den *Commons*, den Gemeingütern, artikuliert sich so eine postkapitalistische Perspektive, die über die fatalistischen Gegensätze der Gegenwart hinausweist. Hier bilden sich bereits Ansätze eines sozialen Lebens jenseits von Markt und Staat. Denn soziale Gemeingüter, etwa genossenschaftlich organisierter Wohnraum oder eine freie Software des Wissens, orientieren sich weder an den Kriterien ökonomischer Verwertbarkeit noch an jenen machtpolitischen Maßstäben der Bürokratie. Sie beziehen ihre Attraktivität aus dem Gebrauchswert für ihre Nutzer*innen und ihre Produktivität aus der Beteiligung von möglichst vielen. Die gesellschaftlichen Beziehungen werden hier selbst zum Produktionsmittel, in der Gegenseitigkeit und Gemeinsamkeit der Menschen entsteht Produktivität, nicht in ihrer Konkurrenz untereinander. Eine solche commonistische Konversion der Ökonomie meint mithin weit mehr als die klassische Frage von Umverteilung und gerechter Besteuerung. Sie ist selbst ein biopolitisches Projekt – aber eins, das dem sinnentleerten Rennen, Rackern und Rasen des Troika-Europas fundamental entgegensteht.

Diese Ansätze zur Selbstorganisation auf der Basis von digitalen Netzwerken und einer umfassenden Transparenz des Wissens schlagen sich schon in einem Mentalitätswandel nieder.

So ist das fordistische Arbeitsethos häufig bereits einem Interesse an individueller Lebensqualität gewichen. Zeit zu haben gilt plötzlich vielen als prestigeträchtiger als ein schickes Auto. Es gibt sogar Versuche, das BIP, also die Wirtschaftsleistung, neu anhand qualitativer Kriterien zu bestimmen. Und die individuellen Vorstellungen jener »unverschämten Ansprüche« junger Menschen an Job und Leben treiben inzwischen die Personalabteilungen weltweit zur Verzweiflung. Das Feuilleton berichtet von der Generation Y, die bereits beim Einstellungsgespräch nicht nur nach dem Gehalt, sondern nach den Möglichkeiten von Sabbatjahren, also von Auszeiten, fragt.

Eine gesellschaftliche Ausweitung der Gemeingüter stellt zwar noch keine andere Gesellschaftsform dar, aber sie könnte ein erster Schritt in Richtung Postkapitalismus, Teil einer Exitstrategie sein. Denn sie ist konkret genug, um im Leben der meisten Menschen auch ohne aufwendige theoretische Vermittlung eine Rolle einzunehmen, und weist dabei zugleich doch über die bestehenden Verhältnisse hinaus. Die Perspektive, die die Commons mithin eröffnen, ist die einer Transformation des bestehenden Wirtschaftsmodells hin zu einer politischen Ökonomie des Gemeinsamen.

Womöglich stellt also – wie Nick Srnicek und Alex Williams in ihrem »Beschleunigungsmanifest« schreiben – die bestehende Infrastruktur nicht einfach eine Stufe des Kapitalismus dar, »die zu zerschlagen wäre, sondern ein Sprungbrett zum Postkapitalismus«. Ob diese optimistische Annahme in der Zukunft den Praxistest besteht, wird sich zeigen. Doch die Vorstellung, die bestehenden materiellen Plattformen von Produktion, Logistik und Konsum könnten »für postkapitalistische Zwecke neu programmiert und umformatiert werden«[29], hat etwas Ermutigendes. Für die Entwicklung eines Unternehmertums des Gemeinsamen und den Aufbau kooperativer sozialer Netzwerke braucht es natürlich flankierende Reformschritte wie beispielsweise ein bedingungsloses Grundeinkommen, eine soziale (Unions-)

Staatsbürgerschaft oder eine *Care-Revolution*[30] im Bereich der öffentlichen Daseinsvorsorge.

Dass die sozialen Netzwerke des Gemeinsamen heute innerhalb des bestehenden ökonomischen Rahmens stehen und vorerst oft eine Nischenexistenz führen, widerspricht ihrem emanzipatorischen Potential dabei keineswegs. Vielmehr erinnern sie uns an den Übergang vom Feudalismus zum Kapitalismus, der auch nicht von null auf hundert durch eine bürgerliche Revolution vollzogen wurde. Diese ratifizierte vielmehr politisch erst später, was sich sozial lange schon gebildet und im Kleinen entwickelt hatte. Und die alten Eliten, der feudale Klerus und Adel, verstanden viel zu spät, was sich dort direkt unter ihrer Nase zusammenbraute. Ähnlich könnte es heute sein: In der Kreativität des Gemeinsamen der vielen deutet sich eine Ökonomie an, die wir hegen müssen, wenn wir ernsthaft eine Exitoption entwickeln, einen Weg raus aus dem Krisenkapitalismus finden wollen. Diese Exitstrategie erfordert auch grundlegende Veränderungen auf europäischer Ebene.

Wie Phönix aus der Asche: Die EU und die Fluchtfrage

In ihrem Text »Wir Flüchtlinge« setzt sich die Philosophin Hannah Arendt mit dem Schicksal der europäischen Jüdinnen und Juden auseinander,[31] die angesichts der Shoah fliehen mussten, damals, als die »Kriegsfurie Europa halb abgegrast«[32] hatte. Hannah Arendt zufolge waren die Jüdinnen und Juden lediglich die ersten, deren Leben nichts mehr galt und die deshalb fliehen mussten. Und »unmittelbar nach der Ächtung des jüdischen Volks wurden die meisten europäischen Nationen« für vogelfrei erklärt«. Arendts Fazit lautet: »Und die Gemeinschaft der europäischen Völker zerbrach, als

– und weil – sie den Ausschluß und die Verfolgung seines schwächsten Mitglieds zuließ.«[33] Im Wissen um diesen geschichtlichen Hintergrund ist die aktuelle Praxis der EU besonders besorgniserregend. Angesichts eines Grenzregimes, das auf der Verabredung zum Sterbenlassen aufbaut, angesichts des Massensterbens im Mittelmehr und der hungernden und frierenden Flüchtenden auf der Balkanroute hat die EU endgültig ihre Maske fallen gelassen. So wie die Niederschlagung des Prager Frühlings 1968 mit Panzern zur moralischen Bankrotterklärung des real existierenden Staatssozialismus wurde, so attestiert der Umgang der EU mit den Flüchtenden den moralischen Bankrott der real existierenden EU. Darüber hinaus haben sich in der EU in den vergangenen Jahren die sozialen, wirtschaftlichen und politischen Spaltungen vertieft. Die wirtschaftliche und soziale Krise in Europa und die verheerende Austeritätspolitik der EU haben nicht nur die gesellschaftlichen Bedingungen für die Akzeptanz von Geflüchteten verschlechtert und dem Rechtspopulismus in vielen Ländern Auftrieb gegeben. Sie haben auch die Mittel des Staats verschlechtert, angemessen auf die Herausforderung der Aufnahme von Flüchtlingen reagieren zu können. Wir erleben in den provisorischen Flüchtlingslagern und bei der fehlenden sozialen und medizinischen Betreuung vielerorts einen durch jahrelange neoliberale Politik verursachten Notstand.

Wer nun allerdings meint, der Rückzug in die nationale Wagenburg oder die Aufkündigung der europäischen Integration seien die passenden Reaktionen darauf, irrt. Denn gerade die Flüchtlingsfrage unterstreicht die Notwendigkeit vertiefter transnationaler Zusammenarbeit. Die viel beschworene nationale Souveränität ist nicht nur keine Entschuldigung für das Missachten von Menschenrechten. Anhand der Flüchtlingsfrage wird auch deutlich, wie illusionär die Vorstellung ist, die großen Menschheitsfragen seien heute noch innerhalb des nationalen Tellerrands zu bearbeiten.

Weder die auf Austerität und Neoliberalismus basierende EU mit autoritärem Antlitz noch die Re-Nationalisierung, also die Fokussierung auf das nationale Feld in Verbindung mit der Anrufung der vermeintlich guten alten Zeiten, sind Modelle mit Zukunft. Weder die autoritäre EU noch die Rückkehr in die nationale Wagenburg sind erstrebenswert. Der Streit darüber, welches Modell von beiden das kleinere Übel darstellt, ist insofern müßig. In diesem Streit gibt es für die Kräfte der Demokratie und der Emanzipation nichts zu gewinnen, nur zu verlieren. Jedoch hat sich jenseits dieser Auseinandersetzung bereits eine andere Praxis entwickelt: die Praxis gelebter Solidarität. Besonders sichtbar wurde sie in den vielen Initiativen der Flüchtlingssolidarität und Willkommenskultur. Hier liegt die Hoffnung für unseren Kontinent.

Eine EU weite solidarische Fluchtumlage

Als es darum ging, die neoliberale Dreifaltigkeit von Sozialkürzungen, Privatisierungen und Schwächung der Beschäftigtenrechte in Südeuropa entgegen aller volkswirtschaftlicher Vernunft durchzudrücken, zeigte die deutsche Regierung ihre ganze Stärke und ihre Fähigkeiten zur Erpressung. Jetzt, wo es darauf ankommt, ein Mindestmaß an Menschlichkeit und humanitärer Verantwortung gegenüber Flüchtenden innerhalb der EU durchzusetzen, versagt die Durchsetzungsfähigkeit der Regierung Merkel. Die Einigung über eine mögliche Aufteilung der Flüchtenden in der EU will einfach nicht gelingen.

Daran ist die deutsche Regierung mit schuld. Immerhin tat sie jahrelang das ihrige, um innerhalb der EU einen Umgang mit Flüchtenden hoffähig zu machen, der davon ausging, dass möglichst andere das Problem bearbeiten sollen. Deutschland hat in diesem Rahmen schon seit Jahren die Aufgabe der Aufnahme von geflüchteten Menschen im wahrsten Sinne des Worts auf die südlichen EU-Staaten abgeschoben. Wer selbst jahrelang in dieser Frage nationalen Egoismus pflegte, ist nicht besonders glaubwürdig, wenn er plötzlich europäische Solidarität einfordert.

Das Dublin-System, wonach Flüchtende in dem Land verbleiben und registriert werden, in dem sie als erstes EU-Boden betreten, hat besonders Länder mit EU-Außengrenzen wie Griechenland und Italien gefordert. Dieses System ist gescheitert. Zumal gerade diese Länder die Aufgaben schlichtweg nicht mehr bewältigen können. Ein Problem, das durch die Auflagen der Troika zum Personalabbau in Griechenland noch verschärft wurde. Eine EU-weite solidarische Lösung sollte dagegen von drei Prämissen ausgehen. Erstens, dass es sich hier um eine europäische Gemeinschaftsaufgabe handelt, an deren Lösung sich alle Mitgliedsstaaten entsprechend ihrer Leistungsfähigkeit zu beteiligen haben.

Zweitens, dass die Flüchtenden das Recht haben, selbst zu entscheiden, in welchem Land sie entweder vorübergehend Schutz suchen beziehungsweise sich mittelfristig niederlassen wollen. Niemand kann gezwungen werden, in Ungarn oder anderswo, wo Menschenrechtsverletzungen auf der Tagesordnung stehen, Asyl zu beantragen. Auch kann es fürs Ankommen, bei Jobsuche und bei der Suche nach einer Bleibe hilfreich sein, wenn sich Flüchtende dort niederlassen, wo sie bereits Menschen kennen.

Drittens: Zwischen Nord-, Süd- und Osteuropa bestehen nicht die gleichen Voraussetzungen für die Aufnahme von Flüchtlingen. Diese Voraussetzungen wurden und werden durch die Kürzungspolitik der EU untergraben, sie müssen durch staatliche Investitionen häufig erst wieder geschaffen werden. Die Frage EU-weiter solidarischer Lösungen ist dabei auch eine Frage der sozialen Gerechtigkeit in Europa: Die Reichen und Vermögenden, die in der Krise immer reicher geworden sind, müssen die Lasten tragen.

Um diesen Ansprüchen gerecht zu werden, muss ein Verteilungsschlüssel ermittelt werden, der die jeweiligen nationalen

Bevölkerungszahlen und die wirtschaftliche Leistungsfähigkeit berücksichtigt.[34]

Nicht alle Staaten nehmen entsprechend viele Flüchtende auf und das aus unterschiedlichen Gründen: entweder weil Flüchtende dort nicht bleiben möchten oder weil einige Staaten sich weigern, ihrer humanen Verantwortung nachzukommen. Um dem Rechnung zu tragen, habe ich zusammen mit Bernd Riexinger eine Fluchtumlage vorgeschlagen. Diese Idee nimmt Anleihen bei dem Konzept der Ausbildungsplatzumlage, welches in der Gewerkschaftsjugend vertreten wird. Der Ausbildungsplatzumlage zufolge sollen Unternehmen, die nicht ausbilden, ab einer bestimmten Größe in einen Fonds einzahlen, der Unternehmen, die ausbilden, zugutekommt. Die Mitgliedsstaaten, die nicht die entsprechende Zahl von Flüchtenden bei sich aufnehmen, müssen jährlich entsprechend große Ausgleichssummen bezahlen. Diese Summe muss so bemessen sein, dass sie den tatsächlichen Kosten einer guten Flüchtlingsunterbringung und -versorgung entspricht. Der Deutschen Städtetag hat einen Betrag von 1 000 Euro im Monat[35] je Flüchtling ermittelt.[36]

Die Pflicht zur Ausgleichszahlung besteht unabhängig davon, ob die Staaten weniger Flüchtende bei sich aufnehmen, weil sie keine aufnehmen wollen oder weil kaum ein Flüchtender in dem Land bleiben will. Diese Ausgleichszahlungen gehen an die Länder, die mehr Flüchtende aufnehmen. Man ahnt, dass Länder, die Geflüchtete schlecht behandeln, zukünftig hohe Ausgleichszahlungen begleichen müssen, da sich auch unter den Flüchtenden rumspricht, wo sie menschenwürdig behandelt werden. Der Vorteil einer solchen Regelung liegt auf der Hand: Heute zahlen vor allem die EU-Mitgliedsstaaten, die mehr Flüchtende aufnehmen. Wer auf Abschreckung setzt, beteiligt sich insofern kaum. Diese Mechanik setzt einen unmenschlichen Abschreckungswettbewerb zwischen den Mitgliedsstaaten in Gang, Geflüchtete im eigenen Land schlechter zu behandeln, damit diese schnellstens andere Länder aufsuchen.

Bei einer Fluchtumlage hingegen sind alle Mitgliedsstaaten an den Kosten beteiligt. Hinzu kommt, dass Länder, in denen sich mehr Flüchtende niederlassen wollen, letztlich einen volkswirtschaftlichen Vorteil haben. Da das Geld, das an die Flüchtenden als Sozialleistung ausgezahlt wird (und an dessen Finanzierung alle Staaten beteiligt sind) ja vorrangig vor Ort ausgegeben wird, kurbelt es die Nachfrage in den Ländern an, die Flüchtende besonders gut behandeln.

Zugleich müssen mit der Fluchtumlage die Voraussetzungen einer sozial gerechten Aufnahme geschaffen werden. Es braucht dafür ein EU-weites Investitionsprogramm für die soziale Daseinsfürsorge, das die gesellschaftlichen Bedingungen für Integration schafft und zugleich die Lebensbedingungen für alle Menschen in Europa verbessert.

Europa als Versprechen: Soziale Unionsbürgerschaft

Zu einer menschenrechtsorientierten Flüchtlingspolitik gehört auch, dass die Neu-Ankommenden in den Ländern ohne Diskriminierung Zugang zu Sozialleistungen haben. Diese Sozialsysteme fallen in den Mitgliedsstaaten sehr unterschiedlich aus. Gerade die Sozialversicherungssysteme werden auf absehbare Zeit nicht zu harmonisieren sein. Zum einen, weil sich über Anwartschaften erworbene Ansprüche zum Beispiel in der Arbeitslosenversicherung oder der Rentenversicherung rein rechtlich nicht einfach harmonisieren lassen. Zum anderen wird gerade in eher linken Kreisen die Befürchtung geäußert, dass eine Harmonisierung auf EU-Ebene angesichts der Kräfteverhältnisse mit einer Angleichung nach unten einhergehen würde. Tatsächlich dominiert bei aller Sprachenvielfalt in den EU-Institutionen vor allem die Sprache des Neoliberalismus. Integration wird von den EU-Eliten als Integration des Binnenmarkts verstanden. Und die Rechtsprechung des Europäischen Gerichtshofs (EuGH) hat bisher leider oft die Position des Marktliberalismus gestärkt.

Insofern sind beide Sorgen ernst zu nehmen. Sie dürfen aber nicht dazu führen, dass man die EU in puncto Sozialpolitik aus der Verantwortung entlässt. Vielmehr muss die soziale Dimension der EU gestärkt werden. In ihrer Schrift zu globalen sozialen Rechten plädieren beispielsweise Andreas Fischer-Lescano und Kolja Möller für eine Transformation der bisherigen marktliberalen Rechtsform hin zur Gewährleistung demokratischer und sozialer Rechte. Als konkrete Maßnahmen schlagen sie die Einrichtung eines europäischen Sozialgerichtshofs vor, der die Bindung Europas an die Grundrechtecharta stärken könnte: »Es bedarf einer gerichtlichen Instanz, die nicht wie der EUGH primär dem Binnenmarkt verpflichtet ist, sondern dafür Sorge trägt, dass die sozialen Rechte in Europa endlich zentrale Bedeutung erhalten.«[37]

Zweitens sprechen sie sich für die »Etablierung einer sozialen Unionsbürgerschaft durch ein differenziertes Mindesteinkommenssystem« aus. Ein Mindesteinkommen, das sich jeweils an den nationalen Armutsgrenzen und der nationalen Kaufkraft orientiert. Nicht als Almosen, das eventuell gnädig gewährt wird, sondern als Recht, das in jedem Land der EU eingeklagt werden kann. Ein unteres soziales Sicherheitsnetz, unter das niemand in der EU fällt – das wäre das perfekte »Gegengift« gegen fundamentale Existenzängste der Menschen in Europa«.[38]

Ich meine, wir könnten das noch weiterdenken im Sinne eines Grundeinkommens als globales soziales Recht. Ob nun als sanktionsfreie Mindestsicherung oder als bedingungsloses Grundeinkommen – wichtig ist, dass es als ein Recht angelegt ist. Als sicherer Grund, auf den sich jede und jeder verlassen kann, mit dem jede und jeder von der Gesellschaft willkommen geheißen wird, sich in Solidarität mit anderen die Verfügung über das eigene Leben anzueignen. Eine EU, die so etwas garantiert – das wäre ein Europa, das begeistert. Das wäre auch eine mutige Tat, die den anti-europäischen Rechtspopulist*innen den Boden entziehen könnte!

Und so utopisch diese Vorstellung angesichts der unsozialen Politik der Euro-Gruppe erscheinen mag, so ist sie gar nicht so vermessen. Immerhin hat sich das Europäische Parlament (EP) bereits mehrmals mit diesem Thema befasst. In der Entschließung des EP zur »Förderung der sozialen Integration und der Bekämpfung der Armut einschließlich der Kinderarmut in der EU« wird die Europäische Kommission aufgefordert zu prüfen, ob bestehende Mindesteinkommenssysteme in den Mitgliedsstaaten Armut tatsächlich beseitigen. Außerdem soll die armutsbekämpfende Wirkung des bedingungslosen Grundeinkommens für alle geprüft werden.[39] Dieser Entschließung stimmte eine Mehrheit der Abgeordneten des EP zu. In einer weiteren Entschließung[40] des EP werden die Europäische Kommission und die Mitgliedsstaaten aufgefordert, verschiedene Modelle des armutsverhindernden Mindest- beziehungsweise Grundeinkommens als Maßnahme zur Armutsprävention zu prüfen. Anders als in der EU-Kommission und der Euro-Gruppe ist im EP in Brüssel das Interesse an sozialen Fragen deutlich stärker ausgeprägt. Ein Grund mehr, die Kompetenzen des Europäischen Parlaments gegenüber der Kommission zu erweitern. Bisher ist die real existierende EU aber nicht einmal zu solch kleinen Reformschritten bereit – ganz zu schweigen von einem grundlegenden Kurswechsel.

Grund zur Hoffnung – Grund zum Handeln

Und so wachsen sie vorerst weiter: die Gewinne, die Zäune, die Unsicherheiten, die Zahlen der Ertrunkenen, der Abschiebungen, der Eingesperrten – die Berge voller Zumutungen. Eine technokratische Elite orchestriert in ganz Europa eine mediale Postdemokratie. Es droht ein autoritärer Wettbewerbsstaat 4.0 mit kontinentalem Ausmaß, in dem die Früchte der Digitalisierung nur wenigen Menschen zugutekommen, aber die meisten in einem inszenierten Notstand zu Objekten von Überwachung und Kontrolle werden. Währenddessen erfährt die nationale Wagenburgmentalität ein Revival. Angesichts des demokratischen Kontrollverlusts im Krisenkapitalismus ducken sich viele weg in die vermeintliche Sicherheit des Alten: Kleinfamilie, Religion, Nationalstaat. Auf die Einsichtsfähigkeit der Eliten zu warten wäre Zeitverschwendung. »Is 21st century's capitalism failing 21st century's society?« (Geht der Kapitalismus des 21. Jahrhunderts an den Herausforderungen der Gesellschaft im 21. Jahrhundert vorbei?), fragte der Moderator eines der zentralen Podien des Weltwirtschaftsforums im schweizerischen Davos sein erlauchtes Publikum bereits im Januar 2012. Und circa 50 Prozent der anwesenden Manager*innen, Politiker*innen und Meinungsführer*innen hoben zustimmend die Hand.[41] Das Ergebnis ist bekannt: Danach machten sie einfach weiter wie vorher. Die Eliten wissen, was sie tun.

Wenn die Kräfteverhältnisse aber momentan so sind, woher dann die Hoffnung? Dafür bräuchte es schließlich mehr als nur das Wissen um die Untragbarkeit der Gegenwart. Es braucht Ansätze eines besseren Morgens schon im Heute. Doch die gute Nachricht ist – die gibt es. Und es sind viel mehr als nur versprengte Häufchen von »Gut-Menschen«, wie es uns der rechte Hass im Internet und auf der Straße glauben machen will. Denn es sind die soziale und technologische Entwicklung dieser Gesellschaft selbst, die Commons, die transnationalen Netzwerke, die über ihre alte Struktur hinaustreiben. Und diese Entwicklung muss nicht zur Verschärfung der zahlreichen Krisen beitragen, sie kann vielmehr auch zur Grundlage eines besseren Morgen werden – wenn wir entsprechend handeln.

In diesem Sinn haben in den letzten Jahren in Europa schon viele ihre Stimme erhoben: in den Willkommensinitiativen, den Krisenprotesten und Klimakämpfen, auf den Plätzen von Athen bis Madrid, bei Studentendemos und Streiks, in den zahllosen Initiativen grenzübergreifender Solidarität und der alltäglichen

Fluchthilfe. Bei zahlreichen Gelegenheiten haben Menschen sich organisiert und praktisch gegen den Gang der Dinge gestellt. Durch ihr bloßes Handeln haben sie »nein« zum fatalen »weiter so« gesagt.

Die Fluchtbewegungen eröffnen in diesem Sinn auch hierzulande eine große Chance, eine Chance für eine Veränderung zum Besseren und für alle. Das ist keine Zukunftsmusik, sondern ganz nah. »Solidarität statt Austerität« war schon ein zentraler Slogan der Blockupy-Proteste und von vielen Menschen in Gewerkschaften und Initiativen, die sich gegen das autoritäre Krisenregime in Europa gerichtet haben. Dieser Slogan könnte bald von Geflüchteten und Willkommensinitiativen übernommen werden. Und: »Wenn auf diese Weise die soziale Frage neu gestellt wird, entsteht eine Bewegung gegen die Schuldenbremse, gegen die Privatisierungspolitik, gegen die Kürzungen im öffentlichen Haushalt: eine Bewegung gegen das europäische Austeritätsregime inmitten seines Zentrums. (...) Stellt diese Bewegung die soziale Frage – und verknüpft sich mit anti-neoliberalen Parteien und Netzwerken in ganz Europa – das wäre ein gutes Rezept für einen neuen Frühling.«[42]

Vom Vereinigen und Teilen

Aktuell wird nicht nur anhand der Flüchtlingsfrage das Versagen der EU deutlich. Es besteht jedoch auch die Chance, dass die EU genau aus dieser Herausforderung wie Phönix aus der Asche aufersteht. Das setzt voraus, dass sich die EU von ihrem bisherigen Kurs der Abschreckung und Abschottung verabschiedet und sich stattdessen auf gemeinsame EU-weite Lösungen wie etwa eine Fluchtumlage, ein Investitionsprogramm und eine soziale Unionsbürgerschaft verständigt. Dann könnte die EU gestärkt, solidarischer und demokratischer aus den aktuellen Herausforderungen hervorgehen. Eine EU, in der Freiheit, also auch Bewegungsfreiheit, nicht zuerst für Waren, sondern für alle Menschen gilt, das wäre eine EU, die sich zu Recht auf eine Tradition des Humanismus und der Aufklärung berufen kann. Nicht nur auf dem Papier und in Sonntagsreden, sondern in ihrer gelebten Praxis.

»Aber das ist doch total unrealistisch«, meint ein Freund, als ich ihm von dieser meiner Hoffnung erzähle, und führt viele Beispiele für eine Verschärfung des politischen Klimas in der EU auf. Der Einwand ist verständlich. Und doch, es ist noch nicht ausgemacht, ob wir die heutige Zeit später einmal als einen positiven oder negativen Wendepunkt in der Geschichte Europas ansehen werden.

Sichten wir dafür noch einmal die Nachrichten in den Zeitungen: »Nach vorsichtigen Schätzungen 1,5 Millionen ... nach pessimistischen Prognosen weit über zwei Millionen. ... [Sie] drängen in ein Land, in dem drangvolle Enge ... schon jetzt zu Lagerkoller führt, in dem aufgrund einer verfehlten Wohnungsbaupolitik bereits letztes Jahr rund 800 000 Wohnungen fehlten, der Arbeitsmarkt schon die Zuwanderer des vorigen Jahres nicht verkraften konnte.« Die Belegung von Turnhallen für Massenunterkünfte führt zu Protesten gegen die »langsame Aushöhlung unseres Turn- und Sportbetriebs«. Ministerpräsidenten meinen, bei einem anhaltenden Massenzuzug breche alles zusammen. Die Behörden notieren, dass »überproportional viele alleinstehende Männer« kommen. Angesichts solcher Meldungen[43] scheint eine konstruktive Wendung unrealistisch. Und doch, all diese Sorgen und Ängste, die damals – kurz nach dem Fall der Mauer – der Zuzug der Ostdeutschen in den alten Bundesländern hervorrief, sind vor allem eins: ein Fall fürs Archiv, als Fußnote für eine aufregende Zeit. Diese Zitate aus einem *Spiegel*-Artikel im Jahr 1990 laden heute eher zum Schmunzeln ein, als dass sie die heutige Wirklichkeit abbilden. Sicher, es gibt auch heute noch Unterschiede bei Rentenwerten und Löhnen zwischen Ost und West. So mancher reißt auch noch Witze über Ossis und Wessis. Doch diese Differenzen, diese Unterschiede dominieren nicht mehr die Erzählungen und Wahrnehmungen. Zum Vereinigen gehört das Teilen. Wenn es uns nur einmal gelänge, die richtigen Schlüsse aus der Geschichte zu ziehen, dann hätte diese Erkenntnis eine Chance. Dann könnten wir die richtigen Erfahrungen auch auf Europa anwenden. Und irgendwann das runde Jubiläum tatsächlich für eine EU der Demokratie und Menschenrechte feiern. Die Durchsetzung von EU-weiter Bewegungsfreiheit für alle Menschen, auch für Flüchtende, das Ende des bisherigen EU-Grenzregimes sowie ein neues Staatsbürgerschaftsrecht, das allein den aktuellen Wohnort zugrunde legt, sind dafür aktuell als Voraussetzung so unverzichtbar wie damals der Fall der Mauer für die deutsche Einheit.

Anstelle eines Schlussworts: Ein Bild aus der Zukunft – Postkapitalismus als grenzübergreifendes Entwicklungsmodell

Erinnern wir uns nach dieser Sichtung der Fluchtursachen, nach einem historischen Exkurs zur Migration und der Inventur dessen, was die Regierenden tun und was im Gegensatz dazu getan werden müsste, noch einmal an den Anfang dieses Buches, namentlich an die Geschichte des Gemäldes »Das Floß der Medusa«. Damals vor 200 Jahren erinnerte es die Gesellschaft an eine fundamentale Ungerechtigkeit. Allein die Tatsache, dass ein Gemälde eine entsprechende Verzweiflung in einer Momentaufnahme eingefangen hatte, erschien der bourbonischen Restauration schon verdächtig aufrührerisch. Und wie sich einige Jahre später, konkret 1830 beim Juliaufstand, zeigen sollte, waren die Tage der Bourbonen-Könige, die Tage der autoritären Restauration in der Tat gezählt.

Heute hängt das Gemälde »Das Floß der Medusa« im Pariser Louvre direkt neben dem bekannten Revolutionsbild »Die Freiheit führt das Volk« von Eugène Delacroix. Dieses Revolutionsbild entstand einige Jahre später während des Juliaufstands, bei dem innerhalb von drei Tagen die Bourbonen gestürzt wurden. Das Gemälde von Delacroix prägt bis heute die revolutionären Assoziationen und Imaginationen von Generationen. Es inspirierte politische Aktivist*innen wie Kunstschaffende gleichermaßen. Beispielsweise nahm Victor Hugo für die Figur des Jungen Gavroche in seinem bekannten Roman *Die Elenden* Anleihen bei der Figur des kleinen Jungen auf der Barrikade. Die beiden

Bilder hängen nicht ohne Grund nebeneinander, auch wenn sie von verschiedenen Künstlern stammen. So unterschiedlich das Sujet auf den ersten Blick erscheint, so sehr ähneln sich die malerischen Kompositionen, die dem Prinzip der Doppeldiagonale folgen, als ob zwischen beiden Ereignissen, zwischen beiden Gemälden eine tieferliegende strukturelle Verbindung besteht. Überliefert ist, dass der Anblick des Floß-Gemäldes auf den Maler Eugène Delacroix eine bemerkenswerte Wirkung hatte. Er selbst beschreibt, dass der Eindruck so stark war, dass er umgehend das Studio verließ und wie ein Verrückter zu rennen anfing.[1]

Nun verändert ein Bild allein keine Missstände, genauso wenig wie ein Buch allein oder eine Demo das können. Jedoch kann manchmal in einem Bild eine Entwicklung eingefangen werden oder etwas Tiefergehendes beziehungsweise Vielschichtiges versinnbildlicht werden. Insofern möchte ich mit einem Bild enden: einem Bild aus der Zukunft. Dieses Bild ist noch nicht gemalt, aber viele haben schon in ihrem praktischen Tun faktisch mit dem Skizzieren angefangen. Womöglich wird es nicht nur auf ein Bild, sondern eher auf eine Graphic Novel (auch bekannt als Comic für Erwachsene) hinauslaufen.

Dieses Bild beziehungsweise diese Graphic Novel musste jedenfalls getragen sein von einem Paradigmenwechsel, der bereits in der »Charta von Palermo 2015«[2] zum Ausdruck kommt: Das »Problem Migration« müsste dem Recht auf Freizügigkeit Platz machen in unseren Köpfen, unseren Diskursen, den Gesetzen, ja, in der Praxis. Ein Titel für dieses Bild könnte lauten: Das Land für alle. Wobei »für alle« meint: Abschied zu nehmen von allen Ausgrenzungen, alle Barrieren abzubauen und einen sozialen Universalismus in Wort und Tat umzusetzen. Es bedeutet, allen Menschen zu ermöglichen, selbst Autor beziehungsweise Autorin des eigenen Lebens zu sein. Anknüpfen könnte ein solches Bild, eine solche Graphic Novel an der großen sozialistischen Vision in der *Ästhetik des Widerstands* von Peter Weiss:

dass die »unten abließen voneinander«[3] und sich selbst befreien. All die Spaltungslinien, die gegenwärtig vertieft werden zwischen denen, die wenig haben, und denen, die noch weniger haben, würden in diesem Bild nach und nach verschwinden. Und das muss keine Skizze auf Papier bleiben.

Denn all die Bilder aus der Zukunft, die Inseln der Hoffnung, die Ansätze des Neuen zeigen: Es gibt sie längst, die Netzwerke des Gemeinsamen, des anderen Organisierens, des Widerstands gegen autoritäre Zurichtung und traurige Vereinzelung, des Strebens nach dem guten Leben für alle. Mag vieles – wie es in einem Video des Blockupy-Bündnisses heißt – auch aus der Not geboren, einiges im Elfenbeinturm erdacht, vieles im Kleinen gescheitert oder im Großen nur zum Teil gelungen sein – egal. »Es gibt sie.«[4] Grenzübergreifend.

Und wir brauchen sie dringender denn je. Der kurze Sommer der Solidarität an deutschen Bahnhöfen hat gezeigt, was passieren kann, wenn das Bewusstsein des Gemeinsamen bei vielen erwacht und Ländergrenzen verdampfen in einem Mitgefühl, das uns alle vereint. Wenn Menschen aus Parteien, Aktivist*innen aus Bewegungen, Kolleg*innen aus Gewerkschaften, Vereinen und Initiativen zusammenkommen, um deutlich zu machen: Europa können wir selbst anders machen: solidarisch, demokratisch, grenzenlos. Ihnen allen ist klar: So, wie es ist, bleibt es nicht.

Es gibt keinen Automatismus. Wir können verlieren. Aber das werden wir mit Sicherheit, wenn wir stillhalten. Die Entscheidung lautet: entweder Aufbruch in einen grenzübergreifenden Postkapitalismus oder eine allmähliche Fragmentierung der Gesellschaft hin zur organisierten Barbarei, zur permanenten Krise und zum weltweiten ökologischen Zusammenbruch. Es hat längst begonnen. Der Krisenkapitalismus gleicht immer mehr einem einstürzenden Altbau, in dessen Gebälk es mit jedem Tag bedrohlicher knirscht. Der Staub rieselt schon herunter. Es ist höchste Zeit, diesen Laden zu verlassen – und eine Skizze, die in

Richtung des Notausgangs weist, haben wir bereits in der Hand. Mehr wird es nicht geben. Erst hinter der Tür beginnt der Horizont des Möglichen. Und der Weg dahin entsteht beim Gehen. Worauf warten wir?

Dank

Mein Dank gilt all jenen, die mithalfen, dass dieses Buch entstehen konnte. Sei es dadurch, dass sie mir beim Recherchieren und Formulieren halfen oder mir anderweitig den Rücken freihielten, so dass ich in kurzer Zeit ausreichend Muße zum Schreiben fand. Stellvertretend für viele sei hier die Redaktion des Online-Magazins *prager frühling* genannt, deren Diskussionen nicht nur mir viele Erkenntnisse brachten.

Besonderer Dank gilt all jenen Freiwilligen und politischen Aktivist*innen, die immer wieder Flagge gegen Rassismus zeigen, die sich konkret in der Flüchtlingssolidarität und beim nachhaltigen Bekämpfen von Fluchtursachen engagieren, die stets Partei für die Ausgeschlossenen ergreifen, sowie allen Selbstorganisationen von Geflüchteten. Ihnen ist dieses Buch gewidmet. Stellvertretend für die vielen habe ich das mir vom Westend Verlag angebotene Honorar sowie die Gewinnbeteiligung umgewidmet in Spenden für die Hilfsorganisation medico international, für die BürgerInneninitiative»Moabit hilft!« sowie für die ABC-Tische in Dresden.

Abkürzungen

BIP	Bruttoinlandsprodukt
BKA	Bundeskriminalamt
DEG	Deutsche Investitions- und Entwicklungsgesellschaft
DIW	Deutsches Institut für Wirtschaftsforschung
EAC	East African Community (Ostafrikanische Gemeinschaft)
ECOWAS	Economic Community of West African States (Westafrikanische Wirtschaftsgemeinschaft)
EP	Europäisches Parlament
EPA	Economic Partnership Agreements (Wirtschaftspartnerschaftsabkommen)
EU	Europäische Union
EuGH	Europäischer Gerichtshof
FIAN	FoodFirst Informations- und Aktions-Netzwerk
Frontex	Europäische Agentur für die operative Zusammenarbeit an den Außengrenzen der Mitgliedsstaaten der Europäischen Union (Akronym für französisch *frontières extérieures*)
HDP	Halkların Demokratik Partisi (Demokratische Partei der Völker)
IPCC	Intergovernmental Panel on Climate Change (Zwischenstaatlicher Ausschuss über Klimaveränderung)

KfW	Kreditanstalt für Wiederaufbau
LaGeSo	Landesamt für Gesundheit und Soziales
MIT	Massachusetts Institute of Technology
OCHA	Office for the Coordination of Humanitarian Affairs (Koordinierungsbüro für humanitäre Hilfe)
OECD	Organisation for Economic Co-operation and Development (Organisation für wirtschaftliche Zusammenarbeit und Entwicklung)
PKK	Partîya Karkerén Kurdîstan (Arbeiterpartei Kurdistans)
SAFRI	Südliches Afrika Înitiative der Deutschen Wirtschaft
SIPRI	Stockholm International Peace Research Institut
THW	Technisches Hilfswerk
UNHCR	United Nations High Commissioner for Refugees (Hochkommissar der Vereinten Nationen für Flüchtlinge)
WWF	World Wide Fund for Nature (bis 1986 World Wildlife Fund)

Anmerkungen

Anstelle eines Vorworts: »Das Floß der Medusa«

1 In seinem Roman *Die Ästhetik des Widerstands* setzt der Schriftsteller Peter Weiss dem Gemälde »Das Floß der Medusa« von Théodore Géricault in gewisser Weise ein Denkmal: Militärisch und moralisch geschlagen am Ende des Spanischen Bürgerkriegs, betrachten einige Protagonisten des Romans die Abbildungen dreier Gemälde, darunter »Das Floß der Medusa«, und fühlen sich dadurch einer größeren Bewegung verbunden.
2 Weiss 2005, S. 425.
3 Ebd., S. 426.
4 Ebd., S. 425.

1 Fluchtursachen: Das Verdrängte wird sichtbar

1 Sylke Gruhnwald, Alice Kohli: »The Migrants' Files« – Die Toten vor Europas Toren, *Neue Zürcher Zeitung*, http://www.nzz.ch/die-toten-vor-europas-tueren-1.18272891 [04. 12. 2015].
2 2005 betrug das Budget noch 6,3 Millionen Euro. 2015 lag es bereits bei über 100 Millionen Euro. Mehr zum Geschäft mit der Abschottung bei Rodier 2016.
3 Vgl. dazu Sabine Hess, Bernd Kasparek: Das Scheitern des Grenzregimes, unter: http://www.prager-fruehling-magazin.de/de/article/1242.das-scheitern-des-grenzregimes.html [04. 12. 2015].
4 Luhmann 1995, S. 147.
5 Erklärung des Instituts Solidarische Moderne unter: http://www.solidarische-moderne.de/newsletter.php?id=41 [04. 12. 2015].

6 Vgl. dazu: Dieter A. Behr: Crossing Borders, unter http://kulturrisse. at/ausgaben/032010/oppositionen/crossing-borders

7 Film des Zentrums für politische Schönheit unter: www.youtube. com/watch?v=G2nMAdıhr5U [05. 12. 2015].

8 http://www.swr.de/report/ruecksichtsloses-abkommen-wie-die-eu-ihre-wirtschaftlichen-interessen-gegenueber-afrika-durchsetzt/text-des-beitrags-ruecksichtsloses-abkommen/-/id=233454/did=14245872/mpdid=14473278/nid=233454/bp43fb/index.html [05. 12. 2015].

9 Martin Glasenapp: Westafrika: Die Freiheit, die wir meinen, unter: https://www.medico.de/westafrika-die-freiheit-die-wir-meinen-13109/.

10 Zitiert nach Gottschlich/am Orde 2011, S. 16.

11 Ebd., S. 10 ff.

12 Report Mainz (04. 11. 2014), http://www.swr.de/report/ruecksichts loses-abkommen-wie-die-eu-ihre-wirtschaftlichen-interessen-gegen ueber-afrika-durchsetzt/04/-/id=233454/did=14245872/mpdid= 14467964/nid=233454/16m8q4s/index.html [05. 12. 2015].

13 Der heutige Stand umfasst nur ein vollständig verabschiedetes EPA-Abkommen mit den Staaten des Pazifiks und verschiedene Interimsab-kommen. Eine Übersicht über den Stand der Verhandlungen gibt es auf der Website der Europäischen Kommission: http://trade.ec.europa. eu/doclib/docs/2009/september/tradoc_144912.pdf [05. 12. 2015]

14 Report Mainz (04. 11. 2014), http://www.swr.de/report/ruecksichts loses-abkommen-wie-die-eu-ihre-wirtschaftlichen-interessen-gege nueber-afrika-durchsetzt/04/-/id=233454/did=14245872/mpdid= 14467964/nid=233454/16m8q4s/index.html [05. 12. 2015].

15 https://www.deginvest.de/Internationale-Finanzierung/DEG/Die-DEG/ [05. 12. 2015].

16 Die Fraktion DIE LINKE, unter anderem der Abgeordnete Niema Mo-vassat, thematisierte die fragwürdige Geschäfspraxis der DEG im Bundestag. Vgl. dazu die Kleinen Anfragen Drucksachennummer 18/1467 vom Juni 2014 und 18/05881 vom August 2015.

17 http://www.fian.de/fileadmin/user_upload/news_bilder/14_11_ AWZ_FIAN_Stellungnahme_DEG_final.pdf [05. 12. 2015].

18 http://www.fian.de/themen/landgrabbing/ [05. 12. 2015].

19 Faßbender 2014, S. 282.

20 Ebd., S. 253.

21 Fischer-Lescano/Möller 2012.

22 Unter: https://www.wfp.org/hunger/stats [05. 12. 2015].

23 Auf einer Tagung im Bremer Konsul-Hackfeld-Haus im Dezember 2013 wurden die verschiedenen Facetten von Ocean Grabbing sehr anschaulich erörtert. Diese Tagung wurde gemeinsam organisiert von Brot für die Welt, dem Verein für Internationalismus und Kommunikation, Fair Oceans und dem Forum Umwelt und Entwicklung. Bericht über die Tagung unter: Schattenblick: Westafrika im Brennpunkt der Ausbeutung, 10. 01. 2014, unter http://is.gd/3GfHp1 [05. 12. 2015].

24 Ebd.

25 Vgl. Bedszent 2014.

26 Beispielsweise hat der World Wide Fund for Nature (WWF) in einigen Küstenorten gemeinsam mit den örtlichen Fischern Modellprojekte von nachhaltigem Management der Fischbestände entwickelt. So wurde zum Beispiel auf Einsatz von engmaschigen Netzen verzichtet, in denen sich zu junge Fische verfangen. Die Zahl der Ausfahrten zum Fischfang wurde auf eine am Tag beschränkt. Damit gelang innerhalb von 17 Jahren eine Erholung der Fischbestände.

27 Vgl. dazu: Hagen Kopp: Die Grenzen auf! Migration und Existenzgeld, Oktober 2015, unter: www.links-netz.de/K_texte/K_kopp_migration.html [05. 12. 2015].

28 Gottschlich/am Orde 2011, S. 13.

29 UNHCR: Warum Flüchtlinge nach Europa kommen, 25. 09. 2015, unter: http://www.unhcr.de/presse/nachrichten/artikel/be170c36ad3 810198e5f0f7194100543/warum-fluechtlinge-nach-europa-kommen. html [05. 12. 2015], und welt.de: EU verspricht Geld für Flüchtlinge – und zahlt nicht, 14. 10. 15, http://www.welt.de/politik/ausland/ar ticle147565321/EU-verspricht-Geld-fuer-Fluechtlinge-und-zahlt-nicht.html [05. 12. 2015].

30 Vgl. http://www.auswaertiges-amt.de/DE/Aussenpolitik/Schwerpu nkte/Uebersicht_node.html [05. 12. 2015].

31 Jürgen Gottschlich: Bald flüchten die Demokraten, *TAZ*, 11. 11. 2015.

32 http://www.faz.net/aktuell/politik/ausland/asien/saudi-arabien-zahl-der-enthauptungen-auf-rekordstand-13619178.html [05. 12. 2015].

33 Vgl. Martin Gehlen: Im Krieg gegen sich selbst, *Frankfurter Rundschau*, 28. 10. 2015.

34 Benno Schirrmeister: Airbus befördert einen Satelliten für den Propheten, *TAZ*, 11. 11. 2015.

35 Mattias Kumm: 25 Jahre nach dem Ende des Kalten Krieges, *Polar* 19/2015.

36 Falsch liegt Kumm allerdings, wenn er diese Entwicklung auf ein moralisches Problem der Glaubwürdigkeit und politischen Integrität

von Politiker*innen reduziert. Denn diese Politik hat strukturelle Ursachen und braucht daher mehr als Appelle zu einer moralischen Politik, nämlich gesellschaftliche Veränderung. Aber dazu mehr in Kapitel »Fluchtursache mit System«, Seite 59–68.

37 Vgl. die Studie des United Nation Office on Drugs and Crime: http://www.unodc.org/documents/data-and-analysis/Balkan_study.pdf [05. 12. 2015].

38 Vgl. Jens Wagner und Christoph Krämer: Opferzahlen des »Krieges gegen den Terror«, 20. 03. 2015, http://www.heise.de/tp/artikel/44/44443/1.html.

39 Vgl. https://www.verfassungsschutz.de/de/arbeitsfelder/af-islamis mus-und-islamistischer-terrorismus/was-ist-islamismus/salafistische-bestrebungen [05. 12. 2015]..

40 Genau das bestätigt auch der Ex-US-Geheimdienstchef Michael Flynn in einem Interview mit dem *Spiegel*: http://www.spiegel.de/politik/ausland/ex-us-geheimdienstchef-mike-flynn-ueber-den-iswir-waren-zu-dumm-a-1065038.html [05. 12. 2015].

41 Vgl. Jörg Kronauer: Schlachteplatte – ein Überblick über die globalen Aktivitäten des Jihadismus, *Konkret* 2/2015.

42 Jürgen Webermann: Ein besonders zynischer Satz, 28. 10. 2015, unter: https://www.tagesschau.de/kommentar/innenminister-fluecht linge-109.html [05. 12. 2015].

43 http://www.caritas-international.de/wasunsbewegt/stellungnah men/afghanistan-ziviler-aufbau-statt-waffen [05. 12. 2015].

44 https://www.adoptrevolution.org/wp-content/uploads/2015/10/pressemappe-adopt-a-revolution-fluchtumfrage.pdf [05. 12. 2015].

45 Dies verdeutlichte die Affäre um den deutschen Staatsbürger Muhammad Haidar Zammar, dessen Familie aus Syrien stammt. Als »Terrorverdächtiger« wurde er 2001 vom amerikanischen Geheimdienst aus Marokko entführt und den syrischen Behörden zur Behandlung im Untersuchungsgefängnis in Damaskus übergeben. Die deutschen Behörden wurden bereits im November 2001 vom FBI über den Vorgang informiert. Doch sie unternahmen nichts. Später kam heraus, dass Zammar nicht nur vom syrischen Geheimdienst gefoltert wurde. Er wurde überdies im syrischen Gefängnis 2002 von Ermittlern des deutschen Bundeskriminalamtes selbst vernommen.

46 Diese Informationen wurden von dem Team der LINKEN-Abgeordneten Christine Buchholz, vor allem von Frank Renken, investigativ zusammengetragen und aufbereitet.

47 Antwort des Staatssekretärs Rainer Baake auf die schriftliche Frage von Jan van Aken Nr. 134 und 135 im Juli 2015.

48 Antwort des Staatssekretärs Matthias Machnig auf die schriftliche Anfrage von Jan van Aken (LINKE) Nr. 229, 230 und 231 Ende August 2015.

49 https://www.hrw.org/news/2015/08/26/yemen-cluster-munition-rockets-kill-injure-dozens [05. 12. 2015].

50 Zum Beispiel Kleine Anfrage von van Aken, Buchholz u. a., Drucksachennummer 18/4824.

51 Kleine Anfrage Drucksachennummer 18/4824, Antworten 9 und 10.

52 Kleine Anfrage Drucksachennummer 18/6016, Antwort 3.

53 Die folgenden Beispiele sind dank der investigativen und nachforschenden Arbeit des Teams von MdB Jan van Aken, unter anderem von Alexander Lurz, belegbar. Für diese verdienstvolle Aufklärungsarbeit ist ihnen zu danken.

54 Kleine Anfrage Drucksachennummer 17/13443.

55 Bei dem Besuch einer deutschen Delegation im Januar 2014 wurde ihr ein Abschussrohr der Milan gezeigt. Nachforschungen ergaben, dass diese Waffe wahrscheinlich Ende der 1970er Jahre von Frankreich an die syrische Regierung geliefert wurde: http://www.berli ner-zeitung.de/politik/buergerkrieg-in-syrien-dschihadisten-mit-milan-raketen,10808018,25964150.html [05. 12. 2015].

56 Kleine Anfrage Drucksachennummer 18/5939, Antwort 3.

57 http://www.waffenexporte.org/wp-content/uploads/2015/07/Waffen-Ex_T%C3%BCrkei.pdf [05. 12. 2015].

58 Kleine Anfrage Drucksachennummer 17/7926, Antwort 14.

59 www.gundara.de [05. 12. 2015].

60 Boris Kanzleiter: Konstrukt »Sichere Herkunftsstaaten« – Die Kluft zwischen normativem Anspruch und gesellschaftlicher Wirklichkeit auf dem »Westbalkan«. Unter: http://www.prager-fruehling-maga zin.de/de/article/1250.konstrukt-sichere-herkunftsstaaten.html [05. 12. 2015].

61 Zentrale Erkenntnisse zu diesem Thema verdanke ich der Doktorarbeit von Lena Kreck: *Exklusion/Inklusion von Umweltflüchtlingen* (2015). Diese Arbeit liefert einen hervorragenden Überblick über die herrschende Rechtsprechung zum Thema Umweltflüchtlinge, über mögliche erweiterte Auslegungen des bestehenden Rechts im Sinne der Umweltflüchtlinge sowie über Initiativen zur notwendigen Schaffung einer Klimaflüchtlingskonvention.

62 Immerhin 60 Prozent der Erdbevölkerung leben in einer Distanz von nicht mehr als 100 Kilometern von einer Küste entfernt. Vgl. Kreck 2015. S. 51.

63 Teilbericht 2 des 5. Sachstandsberichts des IPCC (Intergovernmental Panel on Climate Change): unter: http://www.bmub.bund.de/file admin/Daten_BMU/Download_PDF/Klimaschutz/ipcc_sachstands bericht_5_teil_2_bf.pdf S. 2 f. [05. 12. 2015].

64 Mehr dazu unter: www.bmu.de/klimaschutz/internationale_klimapolitik/ipcc/doc/39274.php [05. 12. 2015].

65 Konferenz von Bundestagsfraktion DIE LINKE und Rosa-Luxemburg-Stiftung am 03. Juli 2015 »Auf der Flucht vor humanitären Krisen«. http://www.rosalux.de/documentation/53620/auf-der-flucht-vor-humanitaeren-krisen.html [05. 12. 2015].

66 Faßbender 2014, S. 238.

67 Vgl. dazu Kreck 2015, S. 78.

68 Allerdings gibt es einige wissenschaftlichen Interventionen für eine erweiterte Auslegung der bestehenden Flüchtlingskonventionen sowie die Nasen-Initiative, die auf Anregung der norwegischen und schwedischen Regierung 2012 gestartet wurde. Dieser Verständigungsprozess zum Thema Umweltflüchtlinge sah Konferenzen auf den verschiedenen Kontinenten zu dem Thema vor. Bei den bisher durchgeführten Konferenzen wurde die weltweite Brisanz des Themas deutlich.

69 Kreck 2015, S. 171.

70 Teilbericht 2 des 5. Sachstandsberichts des IPCC: unter http://www. bmub.bund.de/fileadmin/Daten_BMU/Download_PDF/Klima schutz/ipcc_sachstandsbericht_5_teil_2_bf.pdf, S. 2 f. [05. 12. 2015].

71 Luhmann 1992, S. 149.

72 Auch wenn ich diesen Begriff unpassend finde. Schließlich handelt es sich hier um Menschen.

73 Vgl. dazu Bedszent 2014.

74 Vgl. Asseburg 2014.

75 Postone 2012.

76 Übrigens: Lyad El-Baghdadi wurde wegen seines Engagements im arabischen Frühling 2014 von den Vereinigten Arabischen Emiraten, immerhin einem der wichtigsten Abnehmer deutscher Rüstungsgüter, ohne Begründung des Landes verwiesen.

77 Nicolas Hénin: I was held hostage by Isis. They fear our unity more than our airstrikes, *The Guardian*, 16. 11. 2015, unter: http://www.

theguardian.com/commentisfree/2015/nov/16/isis-bombs-hostage-syria-islamic-state-paris-attacks [05. 12. 2015].

78 Georg Seeßlen: Mister Jefferson lebt hier nicht mehr, *Jungle World* 6/2015.

79 Ebd.

80 Caroline Fetscher: Woher kommt der Fanatismus? *Tagesspiegel*, 10. 01. 2015.

81 http://www.nzz.ch/international/terroranschlaege-in-paris/un-sichtbare-stadtmauern-1.18647071 [14. 12. 2015].

82 Vgl. Brand 2009.

83 Konicz/Rötzer 2014.

2 Die Reaktionen der Herrschenden

1 Vgl. dazu: Anja Mayer, Jörg Schindler: Keine Einwanderung ist illegal, unter http://www.prager-fruehling-magazin.de/de/article/1257.keine-einwanderung-ist-illegal.html [06. 12. 2015].

2 Deutschland hat aktuell eine Bevölkerungsdichte von 227 Einwohner*innen pro Quadratkilometer. Kämen 60 Millionen dazu, läge die Dichte bei 395 Einwohner*innen pro Quadratkilometer (Quelle: Statistisches Bundesamt, 2014). Die Niederlande haben eine Bevölkerungsdichte von 405 Einwohner*innen pro Quadratkilometer (Quelle: Offizielle Webseite der EU, 2014).

3 Die üblichen in den Medien gehandelten Zahlen wie 800 000 beziehen sich auf die neu ankommenden Asylsuchenden und berücksichtigen nicht die Zahl derjenigen, die Deutschland wieder verlassen (in andere Länder ausreisen, abgeschoben werden und so weiter). Wenn man die »Bestandszahlen« von in Deutschland lebenden Flüchtlingen aufführt, fällt die Zahl geringer aus als 1997 (damals gab es gut 1 Million, Mitte 2015 circa 750 000). Als »Flüchtlinge« werden dabei sowohl Asylberechtigte, Flüchtlinge nach der Genfer Flüchtlingskonvention, subsidiär Schutzberechtigte, aber auch Asylsuchende, Geduldete gerechnet. http://taz.de/Mehr-Fluechtlinge-in-Deutschland /!5227827/ [06. 12. 2015].

4 http://edition.cnn.com/videos/world/2015/10/20/syria-intv-aman-pour-pleitgen-zaidoun-al-zoabi-full.cnn/video/playlists/amanpour/ [06. 12. 2015].

5 *Passauer Neue Presse*, 21. 07. 2015, S. 4.

6 Nachzulesen bei Herbert 2001, S. 300.

7 *Süddeutsche Zeitung*, 27. 09. 1992, S. 54.

8 So erhielten im Jahr 2012 Hartmut Richter und Dieter Hötger und 13 weitere Fluchthelfer das Bundesverdienstkreuz. https://www.stsg.de/cms/bautzen/aktuelles/ehemalige-fluchthelfer-erhalten-das-bundesverdienstkreuz [06. 12. 2015].

9 Vgl. Matthias Fässler: Der vergebliche Versuch zu regieren, *TAZ*, 11. 11. 2015.

10 Rosa-Luxemburg-Stiftung: Mythen und Fakten zur Migrations- und Flüchtlingspolitik. 2015, 2. Auflage. S. 14, unter: http://www.rosa lux.de/fileadmin/rls_uploads/pdfs/Argumente/lux_argu_8_ Fluechtlinge_dt_04-15.pdf [06. 12. 2015].

11 http://www.welt.de/wirtschaft/article147468210/Wir-muessen-ei nen-Ring-um-Europa-legen.html [06. 12. 2015].

12 Ebd.

13 Faßbender 2014, S. 270.

14 Vgl. dazu Pro Asyl: Illegale Push-Backs, 15. 11. 2013, unter: http:// is.gd/E5A8x5 [06. 12. 2015].

15 Faßbender 2014, S. 219.

16 http://www.spiegel.de/politik/deutschland/cdu-und-csu-umfrage-werte-fuer-union-fallen-a-1057198.html [06. 12. 2015].

17 Faßbender 2014, S. 307.

18 Ebd., S. 28.

19 Ebd., S. 30.

20 Ebd., S. 44.

21 Ebd., S. 233.

22 Ebd., S. 201.

23 https://www.adoptrevolution.org/wp-content/uploads/2015/10/ pressemappe-adopt-a-revolution-fluchtumfrage.pdf [06. 12. 2015].

24 Weltbank: Pressemitteilung, 06. 10. 2014, unter http://is.gd/74KUTc [06. 12. 2015], sowie Weltbank: Remittances Create Safety Net for African Households, 26. 06. 2013, unter: http://www.worldbank.org/ en/news/feature/2013/06/26/remittances-create-safety-net-for-af rican-households

25 Marei Pelzer: Flüchtlinge – Der inszenierte Notstand. *Blätter für deutsche und internationale Politik* 9/2015, S. 5–8.

26 Schriftliche Frage 6/99 von Caren Lay vom 15. Juni 2015.

27 http://www.taz.de/!5087501/ [06. 12. 2015].

28 Mehr dazu unter: http://www.bagw.de/de/themen/zahl_der_woh nungslosen/index.html [06. 12. 2015].

29 Unter: http://kolumne.gorki.de/kolumne-42/ [06. 12. 2015].

30 Lessenich 2008, S. 14.

3 Rassistischer Mob und Public Viewing

1 In allen genannten Orten fanden Brand- oder Sprengstoffanschläge statt. Eine unvollständige Auflistung der Tatorte für das erste Quartal 2015 findet sich in der Antwort der Bundesregierung auf die Kleine Anfrage der Fraktion DIE LINKE: Proteste gegen und Übergriffe auf Flüchtlingsunterkünfte im zweiten Quartal 2015. Drucksache 18/5686 (2015). Online verfügbar unter http://dip21.bundestag. de/dip21/btd/18/056/1805686.pdf [06. 12. 2015].

2 Kilian Behrens: Auswertung von rechten Straftaten gegen Asylunterkünfte und extrem rechten Aufmärschen von Oktober 2014 bis Juni 2015. Für apabiz e. V. und rechtesland.de. S. 10.

3 Antwort der Bundesregierung auf die Kleine Anfrage der Fraktion DIE LINKE: Proteste gegen und Übergriffe auf Flüchtlingsunterkünfte im zweiten Quartal 2015. Drucksache 18/5686 (2015), S. 4.

4 Grund zur Hoffnung: Wie die aktuellen Entwicklungen unsere Gesellschaft positiv verändern (können)

1 Arendt 1960, S. 19.

2 http://www.faz.net/aktuell/politik/fluechtlingskrise/zweifel-an-loesung-der-fluechtlingskrise-durch-die-politik-13866897.html [07. 12. 2015].

3 Aus Datenschutzgründen habe ich den Namen des Geflüchteten geändert.

4 Robert Misik: Der Aufstand der »freiwilligen Helfer« – radikal, politisch, solidarisch: Warum die Flüchtlingshilfe keineswegs nur »karitativ« ist. unter: http://www.prager-fruehling-magazin.de/de/article /1243.der-aufstand-der-freiwilligen-helfer.html [07. 12. 2015].

5 Für eine Politik der Vielen – Positionspapier des Instituts Solidarische Moderne, unter: http://www.solidarische-moderne.de/news letter.php?id=41 [07. 12. 2015].

6 Mehr dazu unter: http://christinebuchholz.de/2015/09/14/uns-fiel-ein-stein-vom-herzen/ [07. 12. 2015], und http://www.martinaren-ner.de/index.php?id=39914&no_cache=1&tx_ttnews%5Bpointer%

5D=1&tx_ttnews%5BbackPid%5D=34798&tx_ttnews%5Btt_news%5
D=64087&cHash=e264517ef39ae6b3d84f2c6face5d53e [07. 12. 2015].

7 »Bis zum Sommer waren die Flüchtlinge dankbar, bei uns zu sein. Sie haben gefragt, wo ist die Polizei, wo ist das Bundesamt. Wo verteilt Ihr uns hin. Jetzt gibt es schon viele Flüchtlinge, die glauben, sie können sich selbst irgendwohin zuweisen. Sie gehen aus Einrichtungen raus, sie bestellen sich ein Taxi, haben erstaunlicherweise das Geld, um Hunderte von Kilometern durch Deutschland zu fahren. Sie streiken, weil ihnen die Unterkunft nicht gefällt, sie machen Ärger, weil ihnen das Essen nicht gefällt, sie prügeln in Asylbewerbereinrichtungen.« Dies sei zwar noch eine Minderheit, räumte de Maizière ein. »Aber da müssen wir klar sagen, wer hier nach Deutschland kommt (...), der muss sich dahin verteilen lassen, wohin wir ihn bringen, sich einem fairen Verfahren unterstellen und unsere Rechtsordnung anerkennen.« Unter: https://www.tagesschau.de/inland/fluechtlinge-innenminister-101.html [07. 12. 2015].

8 Arendt 1960, S. 14.

9 Martina Benz, Helen Schwenken: Jenseits von Autonomie und Kontrolle – Migration als eigensinne Praxis, *PROKLA* 140.3 (2005), S. 363–377.

10 Die Journalistin Simone Gaul besuchte Golzow und die Familie von Kamala und Burhan und hielt diese bemerkenswerte Geschichte in einer schönen Reportage fest: unter: http://www.zeit.de/feature/kinder-von-golzow-schulanfang-fluechtlinge [07. 12. 2015].

11 Matthäusevangelium 25, 40.

12 Allerdings enthält diese Zahl nicht die Einwohner*innen von Ostberlin. Aber auch mit den Einwohner*innen von Ostberlin würde sich die Tendenz nicht grundlegend ändern. Sozialreport 2014 – Die deutsche Vereinigung 1990 bis 2014. Positionen der Bürgerinnen und Bürger. Eine Studie des Sozialwissenschaftlichen Forschungszentrums Berlin-Brandenburg, hg. v. Rosa-Luxemburg-Stiftung.

13 Ausgaben für Flüchtlinge stärken die Konjunktur unter: http://www.welt.de/wirtschaft/article147399217/Ausgaben-fuer-Fluechtlinge-staerken-die-Konjunktur.html / [12.12.2015

14 Ebd.

15 Friedericke Spiecker: Sparen für die Flüchtlinge, www.flassbeck-economics.de/sparen-fuer-die-fluechtlinge/ 17. 09. 2015 [07. 12. 2015].

16 http://www.deutschlandfunk.de/kloeckner-ich-bin-ein-fan-von-quoten-aber-nicht-von-starren.694.de.html?dram:article_id=24 3539. vom 15. 04. 2013 [07. 12. 2015].

17 http://www.focus.de/politik/deutschland/nach-forderung-zur-in-
tegrationspflicht-kloeckner-hunderte-frauen-reden-sich-bei-mir-
frust-ueber-muslimische-maenner-von-der-seele_id_4972380.html
[07. 12. 2015].

5 Migration damals, heute und morgen

1 Bade 2000, S. 507.
2 Ebd., S. 509.
3 Ebd., S. 511.
4 Ebd., S. 508.
5 Zwar scheiterte der Antrag mit einer Stimme, da der deutschstäm-
  mige Frederick Augustus Conrad Muhlenberg sich der Stimme
  enthielt (Meier-Braun 2015, S. 25). Das Beispiel zeigt aber, dass die
  Debatte über Mehrsprachigkeit in Gesetzgebung und Verwaltung
  schon einmal viel weiter war, als sie es heute ist. Selbst Aufenthalts-
  und Asylgesetz sind derzeit auf der Seite des Justizministeriums lediglich auf Deutsch und Englisch einsehbar.
6 Bade 2000, S. 512.
7 Ebd., S. 17.
8 Ebd., S. 18.
9 Ebd., S. 186.
10 Ebd., S. 12.
11 Ebd., S. 186.
12 Sassen 1996, S. 94
13 Ebd., S. 96.
14 Ebd., S. 98.
15 http://www.welt.de/politik/deutschland/article148557337/Range-
  leien-bei-der-AfD-Demonstration.html
16 Seehofer nennt Flüchtlingsbewegungen »Völkerwanderung«.
17 Fehr/Rummel 2011, S. 9.
18 Ebd., S. 19.
19 Ebd., S. 8.
20 Ebd., S. 19.
21 Ebd., S. 165.
22 Ebd., S. 169 f.
23 Bade 2000, S. 11.
24 An die knochenharte Arbeit dieser Zuwanderer, die erst in der zweiten und dritten Generation auf ein mageres Auskommen hoffen

konnten, erinnern Redewendungen wie das im nordwestdeutschen Raum geläufige»Den ersten sien dod, den tween sien not, den dritten sien brot«, vgl. Hoerder 2010, S. 50.

25 Diese Staatsloyalität war von politischen Systemen unabhängig, so dass beispielsweise Clemens de Maizière das Engagement für die Blockpartei CDU in der DDR aus dem »Ethos und der Glaubensstrenge seiner Familie« ableitete. Beneke/Ottomeyer 2005, S. 379.

26 Rat von Torgau, 25. Juni 1708, vgl. Middell 2005, S. 74, Middell 2007, S. 55.

27 Middell 2005, S. 75.

28 Middell 2007, S. 66.

29 Augè 2015, S 37.

30 Ebd., S. 35.

31 Vgl. http://www.fr-online.de/times-mager/times-mager-migration, 1838190,32421756.html [09. 12. 2015].

6 Reaktionen, die notwendig wären

1 Vgl. Hardt/Negri 2013.

2 Hardt/Negri 2013, S. 31.

3 Bude 2014.

4 Wilhelm Heitmeyer: Gruppenbezogene Menschenfeindlichkeit – Empirische Langzeitbeobachtung menschenfeindlicher Einstellungen in der Bevölkerung. April 2002 bis März 2012, unter: http://www.berlin.de/imperia/md/content/lb-lkbgg/bfg/nummer20/03_heitmeyer.pdf [12. 12. 2015].

5 Vgl. dazu: Interview mit Wilhelm Heitmeyer am 13. 12. 2007 mit tagesschau.de. unter: www.tagesschau.de/inland/studielangzeitarbeitslose2.html [09. 12. 2015].

6 Sozialreport 2014 – Die deutsche Vereinigung 1990 bis 2014. Positionen der Bürgerinnen und Bürger. Eine Studie des Sozialwissenschaftlichen Forschungszentrums Berlin-Brandenburg, hg. v. Rosa-Luxemburg-Stiftung.

7 Dabei wird vollkommen vergessen, dass es sich bei dem Soli vor allem um ein Umverteilungsinstrument von oben nach unten handelt. Immerhin zahlen Reiche deutlich höhere Soli-Beiträge – und das in Ost wie West.

8 Julia Jüttner: Thüringer V-Mann Brandt:»Ich war nur der Bote«. Online verfügbar unter http://www.spiegel.de/panorama/justiz/v-

mann-tino-brandt-verfassungsschutz-zahlte-geld-an-neonazi-ter
rortrio-a-822595.html [09. 12. 2015].

9 Unterrichtung durch das Parlamentarische Kontrollgremium. Bericht gemäß Paragraph 7 Absatz 2 des Gesetzes über die parlamentarische Kontrolle nachrichtendienstlicher Tätigkeit des Bundes zu den Untersuchungen des Sachverständigen Rechtsanwalt Jerzy Montag zum V-Mann Corelli. Drucksache 18/6545. S. 4.

10 Beschlussempfehlung und Bericht des 2. Untersuchungsausschusses nach Artikel 44 des Grundgesetzes. Drucksache 17/14600 (2013). Online verfügbar unter http://dipbt.bundestag.de/dip21/btd/17/146/1714600.pdf, S. 248 [09. 12. 2015].

11 *Mitteldeutsche Zeitung* (2012): 40 V-Leute unter 140 Mitgliedern. Online verfügbar unter http://www.mz-web.de/politik/rechtsextremismus-40-v-leute-unter-140-mitgliedern,20642162,21217926.html [09. 12. 2015].

12 N-TV (2002): Auskunft an Richter: Jeder 7. NPD-Funktionär V-Mann. Online verfügbar unter http://www.n-tv.de/politik/Jeder-7-NPD-Funktionaer-V-Mann-article124216.html [09. 12. 2015].

13 Pegida beobachten, *Der Spiegel*, 19. 11. 2015, S. 40.

14 Aus der »Verboten«-Rubrik der 1. Seite der *TAZ* vom 20. 10. 2015. Schon am Abend des Attentats in Köln wurden Hintergründe zu Frank Steffen von der Antifa Bonn beziehungsweise in der Antifa-Zeitung *LOTTA* veröffentlicht. Zu der Zeit durchsuchte der Verfassungsschutz noch sein Archiv im Keller, und die Polizei ermittelte mal wieder in »alle Richtungen«. Am Montag bestätigte der Verfassungsschutz die Informationen der Antifaschist*innen: »Und am Montag, den 19.10.2015, ist das Landesamt für Verfassungsschutz dann (mit einer sehr zurückhaltenden Formulierung: ›Randfigur der rechten Szene …‹) nachgezogen«: http://antifabonn.blogsport.de/2015/11/15/das-netzwerk-der-generation-terror-oder-die-spinne-im-netz-des-rechten-terrors/ [09. 12. 2015]; http://www.lotta-magazin.de/nrwrex/2015/10/k-mordanschlag-auf-ob-kandidatint-ter-war-fr-her-fap-2-updates [09. 12. 2015]; http://www1.wdr.de/themen/infokompakt/nachrichten/nrwkompakt/attacke-reker-motiv-100.html [09. 12. 2015].

15 Diese Kundgebung fand übrigens statt, als die der PKK nahestehenden Kurd*innen gerade den Vormarsch der Terrororganisation Islamischer Staat aufhielten.

16 Zahlen für Sachsen, Thüringen und Sachsen-Anhalt: Von 21 Anschlägen wurden nur drei aufgeklärt, unter: http://m.mdr.de/presse/ex

klusiv/presseinformation6206.html#mobilredirect [09. 12. 2015].
Auf Nachfrage hat das BKA im Innenausschuss des Bundestages am
4. 11. 2015 ausgeführt, die Aufklärungsquote läge derzeit um die 20
Prozent. Es gab aber keine Belege zur Untermauerung der Aussage.

17 Mehr dazu in Kipping 2009.

18 Antwort der Staatsregierung auf den Antrag der Fraktion DIE LINKE
»Schule demokratisieren und politische Bildung stärken«. Drucksachennummer 6/889.

19 Nicht nur in der Wissenschaft wird seit einiger Zeit der Begriff der
Integration kritisch reflektiert, und das aus gutem Grund. Schließlich wird Integration als Ziel oft so vorgetragen, als ob es sich dabei
um eine notwendige einseitige Anpassungsleistung handele. Oft
steht dabei im Hintergrund die Annahme, die Angekommen müssen sich anpassen an die deutsche Leitkultur – wie auch immer die
aussehen soll. Ich teile die Kritik an dieser Konnotation des Begriffs
Integration. An dieser Stelle verwende ich ihn trotzdem, um in den
Haushaltsverhandlungen auf Ziele abzustellen, die selbst die Regie-
rungsparteien als ihre Ziele ausgeben. Zumal der Integrationsbegriff
auch den Zugang zu Bildung, Gesellschaft und Erwerbsarbeit impli-
ziert.

20 Deutscher Städtetag: Herausforderung Flüchtlinge – Integration ermöglichen, Schlaglichter aus dem Gemeindefinanzbericht 2015.
Köln 2015.

21 Vgl. Kipping 2009.

22 Antwort von Staatssekretär Jens Spahn (CDU) auf die schriftliche
Frage Nr. 164 für Monat September 2015.

23 Bauliche Fremdkörper bauen Grenzen auf – Interview mit Simon Takasaki, unter: http://www.prager-fruehling-magazin.de/de/article/
1247.bauliche-fremdk%C3%B6rper-lassen-grenzen-entstehen.html
[09. 12. 2015].

24 Friedrich u. a. (Hg.) 2015.

25 http://www.prager-fruehling-magazin.de/de/topic/38.juni.html
[10. 12. 2015].

26 Arendt 1960, S. 50.

27 Vgl. dazu: Hagen Kopp: Die Grenzen auf! Migration und Existenzgeld, Oktober 2015, www.links-netz.de/K_texte/K_kopp_migration.
html [10. 12. 2015].

28 Damit ein anonymer Krankenschein auch tatsächlich seine Wirkung
entfalten kann, muss jedoch ein Paragraph fallen – und zwar der Paragraph 87 des Aufenthaltsgesetzes. Dieser verpflichtet alle öffentli-

chen Stellen – mit Ausnahme von Bildungseinrichtungen –, die Ausländerbehörde sofort zu informieren, so ein Verdacht auf unerlaubten Aufenthalt vorliegt. Kurzum: Dieser Paragraph steht für die Pflicht zur Denunziation. Aber kann man wirklich von einem Arzt, der einen Verletzten oder Erkrankten gemäß seines hippokratischen Eids versorgt, verlangen, dass er hinterher seinen Patienten, falls dieser kein offizielles Papier vorzeigen kann, verpfeifen muss?

29 Vgl. Nick Srnicek und Alex Williams: #Beschleunigungsmanifest – für eine akzelerationistische Politik, 2013, in: https://istinablog.files. wordpress.com/2013/06/beschleunigungsmanifest_final-version. pdf [10. 12. 2015].

30 Winker 2015.

31 Arendt 1986.

32 Brecht 1967, S. 1383.

33 Arendt 1986, S. 21.

34 Die Europäische Kommission hatte einen entsprechenden Verteilungsschlüssel bereits im September 2015 für die Notumsiedlung von 120 000 Geflüchteten ins Gespräch gebracht.

35 Vgl. Deutscher Städtetag: Gemeindefinanzbericht 2015.

36 Diese Summe ergibt sich aus Unterkunftskosten, Sozialleistung, Krankenversicherung und anteilige Kosten Verwaltung.

37 Fischer-Lescano/Möller 2012, S. 68.

38 Ebd., S. 69.

39 Entschließung des EP zur »Bedeutung des Mindesteinkommens für die Bekämpfung der Armut und die Förderung einer integrativen Gesellschaft in Europa« vom 20. Oktober 2010. Randziffer 7, 8 und 9.

40 Ebd., Randziffer 34 und 44.

41 Vgl. https://www.youtube.com/watch?v=COcH--KMt4M [10. 12. 2015].

42 Vgl. http://www.neues-deutschland.de/artikel/990584.blockupy-und-die-explosivitaet-des-willkommen.html [10. 12. 2015].

43 Bei all diesen Aussagen handelt es sich um Zitate und Wiedergaben aus einem Artikel mit dem Titel »Wieso kommen die noch?«, 8. *Spiegel*-Ausgabe im Jahr 1990. S. 29 ff.

Anstelle eines Schlussworts: Ein Bild aus der Zukunft – Postkapitalismus als grenzübergreifendes Entwicklungsmodell

1 »Der Eindruck, den es auf mich machte, war so stark, daß ich beim Verlassen des Ateliers ins Rennen kam, und ich rannte wie ein Wahnsinniger weiter […].« Zitiert nach Barnes 1990, S.166.

2 Internationale Freizügigkeit von Menschen – Charta von Palermo 2015: Von der Migration als Problem zur Freizügigkeit als unveräußerliches Menschenrecht. Von Leoluca Orlando, Bürgermeister von Palermo. Hg. von der Stadt Palermo. Online verfügbar unter http://andrea-johlige.com/wp-content/uploads/2015/10/PDF-CARTA-DI-PALERMO-GER.pdf [10. 12. 2015].

3 Weiss 2005, S. 1196.

4 Vgl. https://www.youtube.com/watch?v=2sIvcZXmIKI [10. 12. 2015].

Literatur/Quellen

Bücher

Arendt, Hannah: Wir Flüchtlinge, in: Hannah Arendt: *Zur Zeit*, hg. v. Marie Luise Knott, Berlin 1986, S. 7–22

Arendt, Hannah: Von der Menschlichkeit in finsteren Zeiten – Rede anlässlich der Entgegennahme des Lessing-Preises der Freien und Hansestadt Hamburg im September 1959, München 1960

Asseburg, Muriel: *Die syrische Tragödie – vom zivilen Protest zum Bürgerkrieg*, Berlin 2014

Augé, Marc: *Die illusorische Gemeinschaft*, Berlin 2015

Bade, Klaus J.: *Europa in Bewegung – Migration vom späten 18. Jahrhundert bis zur Gegenwart*, München 2000

Barnes, Julian: *Eine Geschichte der Welt in 10½ Kapiteln*, Zürich 1990, S. 135–166

Bedszent, Gerd: *Zusammenbruch der Peripherie – Gescheiterte Staaten als Tummelplatz von Drogenbaronen, Warlords und Weltordnungskriegern*, Angermünde 2014

Brand, Ulrich: *Die Multiple Krise – Dynamik und Zusammenhang der Krisendimensionen, Anforderungen an politische Institutionen und Chancen progressiver Politik*, Berlin 2009

Brecht, Bertolt: Flüchtlingsgespräche, in: *Gesammelte Werke*, Band 14, Frankfurt am Main 1967

Bude, Heinz: *Gesellschaft der Angst*, Hamburg 2014

Faßbender, Miriam: *2850 Kilometer – Mohamed, Jerry und ich unterwegs in Afrika*, Frankfurt am Main 2014

Fehr, Hubert, Philipp von Rummel: *Die Völkerwanderung*, Stuttgart 2011

Fischer-Lescano, Andreas, Kolja Möller: *Der Kampf um globale soziale Rechte – Zart wäre das Gröbste*, Berlin 2012

Friedrich, Jörg, Simon Takasaki, Peter Haslinger, Oliver Thiedmann (Hg.): *Refugees Welcome: Konzepte für eine menschenwürdige Architektur*, Berlin 2015

Gottschlich, Jürgen, Sabine am Orde: *Europa macht dicht – Wer zahlt den Preis für unseren Wohlstand?* Frankfurt am Main 2011

Hardt, Michael, Antonio Negri: *Demokratie – wofür wir kämpfen*, Frankfurt am Main 2013

Herbert, Ulrich: *Geschichte der Ausländerpolitik in Deutschland. Saisonarbeiter, Zwangsarbeiter, Gastarbeiter, Flüchtlinge*, München 2001

Hoerder, Dirk: *Geschichte der deutschen Migration*, München 2010

Kipping, Katja: *Ausverkauf der Politik – Für einen demokratischen Aufbruch*, Berlin 2009

Klein, Naomi: *Die Entscheidung – Kapitalismus vs. Klima*, Frankfurt am Main 2015

Konicz, Tomasz, Florian Rötzer: *Aufbruch ins Ungewisse – Auf der Suche nach Alternativen zur kapitalistischen Dauerkrise*, Telepolis 2014. E-Book, http://www.heise.de/tp/artikel/43/43479/1.html

Kreck, Lena: *Inklusion/Exklusion bei Umweltflüchtlingen*, Dissertation an der Universität Bremen 2015

Lessenich, Stephan: *Die Neuerfindung des Sozialen*, Bielefeld 2008

Luhmann, Niklas: Ökologie des Nichtwissens. In: *Beobachtungen der Moderne*, hg. v. Niklas Luhmann, Opladen 1992, S. 149–230

Luhmann, Niklas: Jenseits von Barbarei. In: *Gesellschaftsstruktur und Semantik, Studien zur Wissenssoziologie der modernen Gesellschaft*, Band 4, Frankfurt am Main 1995, S. 138–150

Mansour, Ahmad: *Generation Allah – Warum wir im Kampf gegen den religiösen Extremismus umdenken müssen*, Frankfurt am Main 2015

Meier-Braun, Karl-Heinz: *Die 101 wichtigsten Fragen: Einwanderung und Asyl*, München 2015

Postone, Moishe: Interview in: *No way out? 14 Versuche die gegenwärtige Finanz- und Wirtschaftskrise zu verstehen*, hg. v. Hermann L. Gremliza, Hamburg 2012

Rodier, Claire: *Xenophobie Business*, Münster 2016

Sassen, Saskia: *Migranten, Siedler, Flüchtlinge. Von der Massenauswanderung zur Festung Europa*, Frankfurt am Main 1996

Srnicek, Nick, Alex Williams: #Beschleunigungsmanifest – für eine akzelerationistische Politik, 2013, unter: https://istinablog.files.wordpress.com/2013/06/beschleunigungsmanifest_final-version.pdf

Weiss, Peter: *Die Ästhetik des Widerstands*, Frankfurt am Main 2005

Winker, Gabriele: *Care Revolution – Schritte in eine solidarische Gesellschaft*, Bielefeld 2015

Studien und Broschüren

Auswertung von rechten Straftaten gegen Asylunterkünfte und extrem rechten Aufmärschen von Oktober 2014 bis Juni 2015. Für apabiz e.V. und rechtesland.de. Autor: Kilian Behrens

Deutscher Städtetag: Herausforderung Flüchtlinge – Integration ermöglichen, Schlaglichter aus dem Gemeindefinanzbericht 2015; Köln 2015

Flüchtlinge willkommen – Refugees welcome? Mythen und Fakten zur Migrations- und Flüchtlingspolitik. Autor: Christian Jakob, hg. v. Rosa-Luxemburg-Stiftung, Berlin 2015

Fluchtgründe und Zukunftsperspektiven – Rückkehr nach Syrien? Erste umfangreiche Befragung geflohener SyrerInnen. Durchgeführt von adopt a revolution. Vorgestellt am 07. 10. 2015, unter: https://www.adoptrevolution.org/wp-content/uploads/2015/10/pressemappe-adopt-a-revolution-fluchtumfrage.pdf

Für ein Verbot aller Rüstungsexporte. Redaktion: Kerstin Seifer, hg. v. DIE LINKE im Bundestag, Berlin 2013

Heitmeyer, Wilhelm: Gruppenbezogene Menschenfeindlichkeit – Empirische Langzeitbeobachtung menschenfeindlicher Einstellungen in der Bevölkerung. April 2002 bis März 2012, unter: www.uni-bielefeld.de/ikg/projekt_gmf-survey.html

Pro Asyl: Illegale Push-Backs, 15. 11. 2013, unter: http://is.gd/E5A8x5

Rolle & Arbeitsweise der DEG im Bereich Agrarwirtschaftsförderung – Schriftliche Stellungnahme von FIAN Deutschland zu dem Tagesordnungspunkt »Rolle und Arbeitsweise der DEG in der EZ« in der 20. Sitzung des Ausschusses für wirtschaftliche Zusammenarbeit und

Entwicklung des Deutschen Bundestages. Berlin, den 5. November 2014, unter: http://www.fian.de/fileadmin/user_upload/news_bilder/14_11_AWZ_FIAN_Stellungnahme_DEG_final.pdf Sachstandsberichts des UN-Klimarates, unter: http://www.bmub. bund.de/fileadmin/Daten_BMU/Download_PDF/Klimaschutz/ipcc_sachstandsbericht_5_teil_2_bf.pdf, S. 2 f.

Schattenblick: BERICHT/065: Zukunft der Meere – Küstenkriege (SB): Die Zukunft der Meere – Umwelt und Entwicklung auf See. Tagung im Konsul-Hackfeld-Haus in Bremen am 7. Dezember 2013, unter: http:// www.schattenblick.de/infopool/umwelt/report/umrb0065.htm

Sozialreport 2014 – Die deutsche Vereinigung 1990 bis 2014. Positionen der Bürgerinnen und Bürger. Eine Studie des Sozialwissenschaftlichen Forschungszentrums Berlin-Brandenburg, hg. v. Rosa-Luxemburg-Stiftung

Studie des United Nation Office on Drugs and Crime: http://www.unodc.org/documents/data-and-analysis/Balkan_study.pdf

UNHCR: Warum Flüchtlinge nach Europa kommen, 25. September 2015, unter: http://www.unhcr.de/presse/nachrichten/artikel/be-170c36ad381019e5f0f71941cd9543/warum-fluechtlinge-nach-europa-kommen.html

Artikel

Behr, Dieter A.: Crossing Borders, unter: www.kulturkrise.at/ausgaben/032010/oppositionen/crossing-borders

Beneke, Sabine, Hans Ottomeyer (Hg.): *Zuwanderungsland Deutschland. Die Hugenotten.* Katalog zur gleichnamigen Ausstellung im Deutschen Historischen Museum vom 22. Oktober 2005 bis 12. Februar 2006. Wolfratshausen 2005

Benz, Martina, Helen Schwenken: Jenseits von Autonomie und Kontrolle – Migration als eigensinne Praxis, in: *PROKLA* 140.3 (2005), S. 363–377

Dohmen, Caspar: Roboter und Algorithmen – Maschinen verschärfen den Wettbewerb um Arbeit, in: Deutschlandradio vom 29. 09. 2015, unter:

http://www.deutschlandradiokultur.de/roboter-und-algorithmen-ma schinen-verschaerfen-den.976.de.html?dram%3Aarticle_id=332477

Erdogan, Kazim: Gemeinsamkeiten betonen, in: *Jungle World* 6/2015

Fässler, Matthias: Der vergebliche Versuch zu regieren, *TAZ*, 11. 11. 2015

Fetscher, Caroline: Woher kommt der Fanatismus? *Tagesspiegel*, 10. 01. 2015

Gaul, Simone: Die neuen Kinder von Golzow, 14. 09. 2015, unter: www. zeit.de/feature/kinder-von-golzow-schulanfang-fluechtlinge

Gehlen, Martin: Im Krieg gegen sich selbst, *Frankfurter Rundschau*, 28. 10. 2015

Glasenapp, Martin: Westafrika: Die Freiheit, die wir meinen, unter: https://www.medico.de/westafrika-die-freiheit-die-wir-meinen-13109/

Gottschlich, Jürgen: Bald flüchten die Demokraten, *TAZ*, 11. 11. 2015

Hénin, Nicolas: I was held hostage by Isis. They fear our unity more than our airstrikes: *The Guardian*, 16. 11. 2015, unter: http://www. theguardian.com/commentisfree/2015/nov/16/isis-bombs-hostage-syria-islamic-state-paris-attacks

Hess, Sabine, Bernd Kasparek: Das Scheitern des Grenzregimes, unter: http://www.prager-fruehling-magazin.de/de/article/1242.das-scheitern-des-grenzregimes.html

Jaitner, Felix: Ukraine als Exempel, *Blätter für deutsche und internationale Politik* 10/2015, S. 77–84

Kanzleiter, Boris: Konstrukt »Sichere Herkunftsstaaten« – Die Kluft zwischen normativem Anspruch und gesellschaftlicher Wirklichkeit auf dem »Westbalkan«, unter: http://www.prager-fruehling-magazin. de/de/article/1250.konstrukt-sichere-herkunftsstaaten.html

Kiyak, Mely: Krasse Krise, November 2015, unter: http://kolumne. gorki.de/kolumne-42/

Kopp, Hagen: Die Grenzen auf! Migration und Existenzgeld, Oktober 2015, unter: www.links-netz.de/K_texte/K_kopp_migration.html

Krämer, Jens, Christoph Wagner: Opferzahlen des »Krieges gegen den Terror«, 20. 03. 2015, unter: http://www.heise.de/tp/artikel/44/44443/1. html

Kronauer, Jörg: Schlachteplatte – ein Überblick über die globalen Aktivitäten des Jihadismus, *Konkret* 2/2015

Kumm, Mattias: 25 Jahre nach dem Ende des Kalten Krieges, *Polar* 19, 2015

Mayer, Anja, Jörg Schindler: Keine Einwanderung ist illegal – Von Willkommensämtern, dem Recht hier zu leben und Flüchtlings-Keynesianer*innen, unter: http://www.prager-fruehling-magazin. de/de/article/1257.keine-einwanderung-ist-illegal.html

Mellenthin, Knut: Die Ärmsten schultern das Elend, *junge welt*, 08. 10. 2015, S. 12.

Menker, Sabine, Freia Peters: Können Islam-Verbände Flüchtlingen helfen? Liberale Muslime bezeichnen entsprechende Pläne der Regierung als Jahrhundertfehler, *WELT*, 12. 11. 2015

Middell, Katharina: »Refugierte« im Kernland der Reformation – Die Integration der Hugenotten in Sachsen, in: Sabine Beneke, Hans Ottomeyer (Hg.): *Zuwanderungsland Deutschland. Die Hugenotten.* Katalog zur gleichnamigen Ausstellung im Deutschen Historischen Museum vom 22. Oktober 2005 bis 12. Februar 2006. Wolfratshausen 2005, S. 73–80

Middell, Katharina: Hugenotten in Kursachsen – Einwanderung und Integration, in: Susanne Lachenicht, Guido Braun (Hg.): *Hugenotten und deutsche Territorialstaaten – Immigrationspolitik und Integrationsprozesse = Les États allemands et les huguenots*, München 2007, S. 51–70

Misik, Robert: Der Aufstand der »freiwilligen Helfer« – radikal, politisch, solidarisch: Warum die Flüchtlingshilfe keineswegs nur »karitativ« ist, unter: http://www.prager-fruehling-magazin.de/de/article/1243.der-aufstand-der-freiwilligen-helfer.html

Müller, Henrik: Zukunft Europas – Warum jetzt ständig Krise herrscht, in: http://www.spiegel.de/wirtschaft/soziales/fluechtlingskrise-uk rainekrise-eurokrise-warum-staendig-krise-herrscht-a-1057239.html

Pelzer, Marei: Flüchtlinge – Der inszenierte Notstand, *Blätter für deutsche und internationale Politik*, 9/2015, S. 5–8.

Risen, James: Das Geschäft mit der Angst, *Blätter für deutsche und internationale Politik* 10/2015, S. 67–76

Schirrmeister, Benno: Airbus befördert einen Satelliten für den Propheten, *TAZ*, 11. 11. 2015

Seeßlen, Georg: Mister Jefferson lebt hier nicht mehr, *Jungle World* 6/2015, unter: http://jungle-world.com/artikel/2015/06/51405.html

Seeßlen, Georg: Aus aktuellem Anlass, *Konkret* 10/2014, unter: http:// www.konkret-magazin.de/aktuelles/aus-aktuellem-anlass/aus-ak tuellem-anlass-beitrag/items/minderheitenprogramm.html

Spiecker, Friedericke: Sparen für die Flüchtlinge, www.flassbeck-eco
nomics.de/sparen-fuer-die-fluechtlinge/, 17. 09. 2015

Takasaki, Simon im Interview: Bauliche Fremdkörper bauen Grenzen
auf, unter: http://www.prager-fruehling-magazin.de/de/article/1247.
bauliche-fremdk%C3%B6rper-lassen-grenzen-entstehen.html

Webermann, Jürgen: Ein besonders zynischer Satz, 28. 10. 2015, unter:
https://www.tagesschau.de/kommentar/innenminister-fluecht
linge-109.html

256 Seiten
ISBN 978-3-86489-099-4
€ 17,99

»Ein notwendiges Buch zur rechten Zeit«

Süddeutsche Zeitung

»Liest sich wie ein kleines Handbuch zur politischen Bildung darüber, wohin Deutschland und Europa geraten, wenn sie sich von den Abendlandsrettern treiben lassen«

Tagesspiegel

288 Seiten
ISBN 978-3-86489-057-4
€ 16,99

Gefangen in der Warteschleife vor Europa – das ist das Schicksal tausender junger Afrikaner, die sich jedes Jahr auf den Weg zu uns machen. Miriam Faßbender hat zwei junge Männer auf diesem Weg begleitet, sie hat unter Flüchtenden gelebt und ihren Alltag kennengelernt: das Leben in den Ghettos, willkürliche Polizeirazzien, die Suche nach Essen und nach schlecht bezahlten Jobs, um die Weiterreise zu finanzieren. Faßbender gewährt Einblick in den zermürbenden Alltag von Migranten auf dem gefährlichen Weg nach Europa.